GEORG O. GSCHWANDLER

Schamanische Wege zur Mitte

Das Praxisbuch des Schamanischen Reisens

Hilfestellung und Anleitung zur schamanischen Reise im Neo-Schamanismus

PRAXISBUCH

Veth Verlag

<u>ACHTUNG:</u>

Die in diesem Buch angeführten Methoden ersetzen keine medizinische Behandlung oder den Arztbesuch. Verlag und Autor übernehmen keinerlei Verantwortung!

Copyright © 2006 by Verlag Holger Veth.
Verlag Holger Veth, Schänzelstr. 1, D-67459 Böhl-Iggelheim.
www.veth-verlag.de.
Umschlaggestaltung: Georg O. Gschwandler
Buchgestaltung: Verlagsservice Roter Drache,
             gestaltung@roterdrache.org
Lektorat: Veth Verlag
Gesamtherstellung: Quickprinter GmbH, Overath.

ISBN 3-939972-02-9
ISBN (13) 978-3-939972-02-0

Für alle, die mich auf den Weg zur Mitte brachten.

Dank

Mein Dank gebührt vor allem meinen Lehrern und Wohltätern in Ecuador, Mexiko und Europa. Besonders aber gilt mein Dank meinen Klienten die sich vertrauensvoll diesen Methoden über viele Jahre geöffnet und mir ihre Erfahrungen in Erzählungen und schriftlichen Berichten zugänglich gemacht haben. Und ich danke den Spirits, die mich führen, anleiten, mir Lehrer und Mahner sind und mich über all die Jahre zur Quelle geführt haben, mit aller Konsequenz und einem gewissen Maß von an Liebe getragener Härte.

Alles was ist, ist lebendig...

Georg O. Gschwandler

Über dieses Buch

All jene, die sich für Reisen in die ko existenten Welten der Schamaninnen und Schamanen im Kontext des Neo-Schamanismus interessieren und sich auf die Suche nach sich selbst begeben, werden die Anleitungen und Hilfestellungen in diesem Buch zu schätzen wissen.

Der Autor vermittelt weiterführende Techniken zum Thema und bereichert diese durch Berichte von Klienten und Seminarteilnehmern. Manche der Techniken hat er selbst entwickelt und erprobt, andere wieder finden seit Jahren Anwendung im Neo-Schamanismus. Immer in Zusammenarbeit mit seinen Spirits, den Krafttieren und Wesenheiten aus der schamanischen Welt, welche ihn leiten und ihm mit ihrem Rat zur Seite stehen verwendet er die Technik der schamanischen Integration oder des schamanischen Gehens in Seminaren, bei Beratungen und Behandlungen.

Dieses Buch ist ein Praxisbuch im wahrsten Sinn des Wortes. Denn nur das aktive Handeln, das eigene Tun verhilft uns zu jener Flexibilität und Aufmerksamkeit, welche wir benötigen um mit der schamanischen Welt und ihren Wesenheiten zu kommunizieren. So finden sich nur wenige theoretische Betrachtungen, denn der Autor, selbst Praktiker dieser Techniken, hält wenig von Egotrips die nur in unserem Kopf stattfinden aber sich nicht in äußerem Handeln und in Veränderung zeigen.

Aber vor allem schaffen dieses Buch und die darin enthaltenen Übungen eine Möglichkeit die eigene Selbständigkeit und Eigenverantwortung wiederzuerlangen. Denn all zu oft entsteht aus der Beziehung von Seminarteilnehmer und Seminarleiter, Berater und Klient eine Art der Abhängigkeit, welche beiden Teilen nicht zuträglich ist und das zu Beginn angepeilte Ziel, nämlich die Erlangung persönlicher Freiheit, in unerreichbare Ferne rückt.

Nicht das plumpe Nachahmen oder sture Einhalten von Vorgaben, sondern das persönliche Erleben dieser ko-existenten Welt und vor allem die Akzeptanz der persönlichen Vision ermöglicht das Erreichen dieser Freiheit, das Erreichen der persönlichen Mitte, des Gleichgewichtes.

Ausgehend vom Prinzip der Kreisbahnen und der Existenz einer Mitte zeigt der Autor Möglichkeiten und Übungen wie wir diese Mitte erreichen können und wie wir eingefahrene Kreisbahnen verlassen und so zur Natur und uns selbst zurückfinden können.

Die Reise in die Welt der Neo-Schamanen und die Kommunikation mit Krafttieren und Verbündeten, die immensen Möglichkeiten die dieser anderen, aber ebenso realen Welt innewohnen macht schon die ersten Versuche diese Welt zu erforschen zu einem Abenteuer der ganz besonderen Art. Und jeder der einmal diese andere, wunderbare Welt geschaut, sich von der unbändigen und starken Energie durchströmt gefühlt, und den Weg mit Herz beschritten hat wird sie immer wieder aufsuchen. Diese Welt, welche wir wahrzunehmen verlernt haben wird wieder Teil eines großen Ganzen, in dessen Mitte wir selbst, gleichwertig und gleichberechtigt an einer neuen Zukunft bauen, die weit über das momentane Verständnis von Natur und Energie, Leben und Tod, Realität und Vision hinausgeht. Letztendlich aber geht es auch darum, sein Leben besser meistern zu können und zu seiner eigenen, ganz persönlichen Mitte zu finden.

Inhaltsverzeichnis

Inhaltsverzeichnis

Kapitel VI
Krankheit und Heilung in schamanischer Sicht

Kapitel VII
Schamanische Behandlungsmethoden

Kapitel VIII
Schamanische Arbeit in der Unteren Welt

Kapitel IX
Schamanische Arbeit in der Oberen Welt

Kapitel X
Schamanisches Arbeiten in der Mittleren Welt

Inhaltsverzeichnis

Einleitung

Das Beherrschen der Technik der Schamanenreise des Neo-Schamanismus eröffnet dem Aufgeschlossenen Einblick und Zugang in eine koexistente Welt deren Existenz unsere moderne Gesellschaft vergessen hat oder diese vehement leugnet. Aber eben in dieser anderen, schamanischen Realität ist es uns möglich Antworten auf unsere Lebensfragen zu erhalten. In der Welt der Hilfsgeister, Krafttiere und Verbündeten eröffnen sich uns neue Wege zu Heilung und Selbstfindung. Nur in ihr und nur durch die Wesenheiten die in der „nichtalltäglichen Wirklichkeit" beraten und helfen, erhalten wir Antworten welche frei von der Interpretation durch Andere sind.

Spirituelles Wachstum und Heilung gehen Hand in Hand. Ausgehend von der Erfahrung der Einheit von Körper, Geist und Seele zeigen vordergründig rein spirituelle Erfahrungen in der schamanischen Welt auch materielle, also körperliche Reaktionen und Veränderungen. Nicht nur das Erreichen von körperlichem Wohlbefinden ist das Ziel unserer Reisen in diese Welt, ebenso ist das Finden unseres ganz persönlichen Weges, unserer Mitte Thema der schamanischen Arbeit. Mit der Methode des schamanischen Reisens nehmen wir zu Krafttier und Lehrer Kontakt auf und erhalten von diesen Wesenheiten Rat und Hilfe. Wir lernen unsere Welt in ihrer gesamten Bandbreite wahrzunehmen. Eine Wahrnehmung, die uns ungetrübt von Prägung und gesellschaftlichen Filter Einblick in die Gesamtheit der Schöpfung gewährt.

Heilung ist ein Weg, ein persönlicher Weg, der uns in unsere inneren Räume führt, in denen alles möglich, keine Beschränkung vorhanden, und somit ein neuer, effektiver Zugang zu Ganzheit und Gesundheit möglich ist.

Schamanismus ist uralt, so alt wie die Menschheit selbst. Der Neo-, also "Neu-Schamanismus" stellt hingegen eine Entwicklung unserer Zeit dar. Er ist der Versuch uns verzivillisierten Menschen wieder jenen Zugang zur Welt der Geister und Krafttiere zu ermöglichen der auch heute noch von unschätzbarem Wert für uns sein kann. Manche Vorstellungen im Neo-Schamanismus sind aus unterschiedlichen schamanisierenden Kulturen übernommen worden, andere wiederum scheinen sich aus der Praxis entwickelt zu haben. In wie weit Neo-Schamanismus mit dem authentischen Schamanismus zusammenhängt mag jeder für sich selbst entscheiden. Dennoch muss angemerkt werden, ohne hier urteilen zu wollen, dass Neo-Schamanen und Neo-Schamanismus mit "wirklichen" Schamanen in z.B. Lateinamerika, Nordamerika oder Asien außer bestimmten Tatsachen wie der Akzeptanz einer ko-existenten Welt und Geistwesen die diese bevölkern nicht wirklich viel gemein haben. Dies tut der Sache jedoch keinen Abbruch und wenn man eben diese Trennung von authentischem Schamanismus und Neo-Schamanismus wagt, so können beide

Formen konfliktfrei nebeneinander existieren. So stellt sich auch nicht ständig die Frage nach der Authentizität dessen was man betreibt. Auch wenn beständig, wie zur Legitimation des eigenen Tuns, versucht wird Neo-Schamanismus und authentischen Schamanismus (weil kulturell und sozial über Jahrtausende integriert und initiiert) als ein und dasselbe zu verkaufen (sic!) werden diese Bemühungen niemals fruchten. Es sind zwei verschieden Arten, auch wenn die Ziele vielleicht gleich, die Motivation des Einzelnen groß und ehrlich und die Techniken rudimentär ähnlich sein mögen. Zum besseren Verständnis sei hier die Lektüre ethnologischer Abhandlungen zum Thema Schamanismus (z.B. Elliade) im Vergleich zum bestehenden Angebot des Neo-Schamanismus empfohlen. Da erklärt sich dem aufgeschlossenen Leser der Unterschied massiv. Aber nochmals: Es geht hier eben nicht um einen Vergleich, nicht um die Bewertung was besser ist sondern um Begriffsklärung damit sich der Einzelne nicht verirrt im Labyrinth der Angebote. Wir sollten uns nicht vor diesem Wort "Neo-Schamanismus" fürchten, vielmehr sollten wir es ganz bewusst benutzen weil es die Realität unseres Handelns ganz einfach am besten beschreibt. Dann sind wir auch frei von unnötiger Verwirrung oder peinlicher Verwechslung.

Neo-Schamanismus ist einfach und unkompliziert. Unkompliziert deshalb, weil er aus der Mitte, dem Ursprung aller spirituellen Technik kommt. Der schamanische Weg führt uns zur Mitte, zur Quelle, aus der alle Energie, alles Leben entspringt. Weltweit wird Schamanismus praktiziert, auch von Menschen unserer modernen und technisierten Zivilisation. Darin liegt kein Widerspruch sondern die Chance einen neuen Weg zu beschreiten. Ein Weg der uns zu Heilung, Ganzheit und mehr Verständnis für die beseelte Natur und uns selber führt, auch wenn er uns nicht wirklich zum Schamanen machen kann.

Dieses Buch ist ein Praxisbuch. Es ist Hilfestellung für Menschen die beginnen die schamanische Welt zu erkunden. Vor allem aber soll es jenen Hilfestellung sein, die nach Wissen und Heilung streben.

Nur die persönliche Erfahrung, frei von der Interpretation durch Andere zählt. Nur die eigene Vision ist echt, ihr gilt es zu vertrauen. Dieses Buch soll den Weg weisen um solche Visionen zu erlangen und soll Anreiz für weitere Reisen in die wunderbare und aufregende Welt der beseelten Natur sein. In eine Welt die seit Urzeiten von weisen Frauen und Männern aufgesucht wird um Rat und Heilung zu erlangen, um Antworten auf Lebensfragen zu finden und den eigenen Horizont zu erweitern um spirituelles Wachstum zu erlangen. So ist es auch dem modernen Menschen möglich diese Türe in eine Welt der Spirits zumindest einen kleinen Spalt weit zu öffnen, was real betrachtet eine Erweiterung der Wahrnehmung um 100 Prozent und eine 180° Wendung im Leben bedeuten kann. Zumindest aber regt dieser Blick über den Rand des Wasserglases an, er macht uns neugierig, bringt uns aus der Erstarrung wieder in Bewegung und mahnt uns daran unsere eigene, ganz persönliche Form der gelebten Spiritualität neu zu entdecken.

Viele der Übungen habe ich selbst entwickelt und im Rahmen von Behandlungen und Seminaren überprüft, die meisten stammen aus meiner täglichen Arbeit als Curandero und haben sich seit Jahren bestens bewährt. Letztendlich liegt es jedoch am Leser die Übungen für sich selbst zu modifizieren und auch weiterzuentwickeln. Jeder der Neo-Schamanismus praktiziert entwickelt mit der Zeit seinen eigenen, persönlichen Stil, geht den Weg zur Mitte, der niemals festgeschrieben und genormt sein kann.

Es sei darauf hingewiesen, dass sich diese Hilfestellungen und Erläuterungen auf die klassische Schamanenreise im Sinne des **Neo**-Schamanismus beziehen. Sie dienen als Einstieg in die Welt des Schamanismus und sollen dem Interessierten vor allem die Möglichkeit des Experiments mit veränderten Bewusstseinszuständen ermöglichen. Selbstverständlich kann der Autor keinerlei Gewähr für den Erfolg übernehmen, ebenso liegt alle Verantwortung beim Leser selbst.

Zur Gliederung: Nach einer Einführung zum Thema Schamanismus und Neo-Schamanismus finden sich Beschreibungen der schamanischen Welten, Erläuterungen zur Technik der Schamanenreise im Neo-Schamanismus sowie Hilfestellungen zum schamanischen Reisen, Berichte und Lösungsvorschläge sowie weiterführende Techniken. Dieses Praxisbuch versucht dort anzusetzen wo Seminare enden.

Jenbach im Mai 2006

Kapitel I
Einführung

1. Was ist Schamanismus?

Die Höhlen von Lascaux (Trois Fères) in Südfrankreich. In ihnen findet man Höhlenmalereien aus der Zeit um 14 000 vor unserer Zeitrechnung. In beeindruckender Klarheit und lebendigen Farben zeigen sie eine schamanische Séance. Krafttiere und Geister finden sich an den Wänden, und die Gestalt eines liegenden Schamanen, auf seiner Reise in die ko-existente Welt, die Nichtalltägliche Wirklichkeit der Schamanen. Aber schon Jahrtausende vorher, so vermuten die Anthropologen, stellten weise Frauen und Männer die Verbindung zur Welt der Geister her. Sie waren und sind Mittler zwischen den Welten. Die Schamanen, das Wort stammt vermutlich aus dem Mandschu-tungusischen, zogen mit ihren Völkern vor Jahrtausenden über die damals noch verlandete Beringstraße von Sibirien aus nach Nordamerika und brachten so das Wissen auch auf den Amerikanischen Kontinent. Weltweit waren es diese Persönlichkeiten, die sich, entbunden von der täglichen Arbeit des Jagens oder dem Bestellen der ersten Felder für ihren Stamm auf die Suche nach Antworten in die andere Realität aufmachten. Die Technik die sie dazu benutzten hat sich bis heute kaum verändert. Abgesehen vom kulturellen Umfeld haben alle schamanisierenden Kulturen mehr oder weniger unabhängig voneinander dieselben Techniken entwickelt. Egal ob in den Steppen Innerasiens, in den Regenwäldern Südamerikas oder an den Eisküsten der Polarmeere, alle Schamanen und Schamaninnen suchen den Zugang in die Welt der Krafttiere und Hilfsgeister. Was uns noch vor Jahren exotisch und einer kleinen Gruppe exzentrischer Zeitgenossen am Rande der Gesellschaft vorbehalten schien, findet heute sogar Einlass in die ach so aufgeklärten Hallen der Wissenschaft. Als psychotherapeutisch Heilmethode missverstanden erkennen sogar erfahrene und eher konservative Zweige der Schulmedizin die in schamanischen Methoden verborgene Heilkraft. Natürlich wird diese meist als rein mentale

Unterstützung des Patienten verstanden, verlangt doch das Verständnis des Schamanismus einen tieferen Einblick in seine Methoden und den schamanischen Kosmos.

Die Wirkung von schamanischen Ritualen wird wohl nie zur Gänze wissenschaftlich bewiesen werden können, wobei die Weiterentwicklung der neurologischen Forschung jedoch aufhorchen lässt. Zumindest aber wird es schwierig sein das „Wie" grundlegend beweisen zu können. Ebenso verhält es sich mit den heilsamen Erlebnissen jener Menschen, die schamanische Techniken praktizieren, und ihre ganz persönlichen Erfahrungen in der Nichtalltäglichen Wirklichkeit machen. Was also letztlich zählt ist die individuelle Wirkung, das Ergebnis.

Schamanische Methoden und die so gemachten Erfahrungen sind individuell wie der Mensch selbst. Und auch wenn die Erlebnisse und Erfahrungen unterschiedlicher Menschen aus ebenso unterschiedlichen Kulturen und gesellschaftlichen Schichten einander erstaunlich ähneln, so bleiben sie doch stets persönlich und können daher nie einer Norm, einem Gesetz entsprechen. Eben diese Individualität birgt die Möglichkeit der Veränderung in sich.

Schamanische Techniken haben sich in den Jahrtausenden kaum verändert. Warum? Einfach darum, weil sie nicht zu verbessern sind. Weil weder Beweisbarkeit noch Nachvollziehbarkeit Garant für den Erfolg sind. Selbst wenn wir wüssten warum diese Methoden solch erstaunlichen Erfolge bringen, würde dieses Wissen nichts daran ändern.

Viele verschiedene Definitionen verzerren das wahre Bild des authentischen Schamanismus. Die Realität ist: Weder gibt es Gurus, noch ist er, obwohl in manchen Kulturen eingebunden, Religion. Wohl aber gibt es Autoritäten wie meine Lehrer in Ecuador und Mexiko deren Wort Gewicht hat. Was alleine zählt ist die Erfahrung des Schamanen. Und nicht die Quantität der Erfahrung sondern allein die Qualität macht einen Schamanen zum Spezialisten auf seinem Gebiet. Mit Absicht hüte ich mich davor eine der gängigen Definitionen dieses Phänomens heranzuziehen. Denn nur die persönliche Erfahrung kann uns zum Kern, zum Wesen des Schamanismus führen. Wir lernen immer noch wie Kinder. „Learning by doing." Jedem soll freigestellt sein seine eigene Interpretation herbeizuziehen. Dies gelingt jedoch erst durch die persönliche Erfahrung, das Experiment.

Wer bereit ist einen Blick in diese Welten zu wagen tut dies mit Respekt. Mit Respekt und Ehrfurcht vor Wesenheiten und einer Welt die wir wahrzunehmen verlernt haben. Mit Respekt vor all denen die diesen Weg schon tausende Jahre vor unserer Existenz beschritten haben.

Diejenigen Leser, die eine wissenschaftliche Deutung und Interpretation des Phänomens Schamanismus erwarten verweise ich auf die Literaturhinweise am Ende dieses Buches. Aber auch die wissenschaftliche Deutung ist nur eine Interpretation, beeinflusst von der individuellen Meinung und vom Normendenken unserer Gesellschaft. Für diejenigen, welche bereit sind das Experiment zu wagen, sollte gelten: Die Bereitschaft eine neue Welt zu entdecken lässt in uns Fähigkeiten wach werden, von deren Existenz wir nicht einmal zu träumen gewagt haben, lässt uns neue Wege gehen

Erst wenn nichts mehr hilft, sozusagen als letzter Strohhalm, besinnen wir uns auf alternative Methoden. Egal ob unser Leiden physischer oder seelischer Natur ist greifen wir nach jedem Strohhalm der sich uns bietet. Wir brauchen Druck, Konflikte, Krisen um uns neu zu orientieren. Die Neuorientierung kann halbherzig sein, oder unsere ganze Kraft in Anspruch nehmen. Neue Wege zu gehen ist oft die einzige Lösung um einem Dilemma zu entkommen. Zu groß sind die Sogkräfte unserer Leiden, zu gering die Kräfte die uns aus dem Sumpf unserer Verzweiflung zu ziehen vermögen. Ohne unser Zutun geschieht gar nichts. Das Warten auf Hilfe von außen kann ewig dauern. Naht die ersehnte Hilfe, ist es zu spät. Sind wir jedoch bereit unsere eingefahrenen Geleise zu verlassen, dann bietet sich die Chance für einen Neuanfang. Doch auch die Bereitschaft neu zu beginnen ist voller Gefahren. Denn unsere Einstellung bestimmt ob wir das gesteckte Ziel erreichen, auch wenn wir als Zielvorgabe nur den ersten Schritt auf diesem neuen Weg vor Augen haben.

„Alle Wege sind gleich, sie führen nirgendwo hin... Aber ist es ein Weg mit Herz, wird er dich dein Leben lieben lassen. Ist es ein Weg ohne Herz, wird er dich dein Leben verfluchen lassen....."

Dies sind Sätze aus Carlos Castanedas „Die Lehren des Don Juan". Manchen sind diese Sätze geläufig, aber was bedeuten sie in der Praxis?

„Deine Entscheidung welchen Weg du gehst, muss frei von Furcht und Ehrgeiz sein..."

Frei von Furcht und Ehrgeiz - was heisst das? Wir sollten lernen und das ist gar nicht so einfach, keine Bedingung daran zu knüpfen welchen Weg wir beschreiten wollen!

Also eine Entscheidung **ohne** Bedingung. „Ich gehe diesen Weg um dies und jenes zu erreichen" wäre demnach die absolut falsche Einstellung. Den Weg zu gehen um einfach zu staunen, im Reisegepäck nur die Fähigkeit zu beobachten und aufmerksam zu sein wäre die richtige Ausgangsbasis. Es klingt vielleicht leichter als es ist. Aber schon das Erreichen dieser Einstellung wird uns durch unsere Prägung, durch Erziehung und Gesellschaft schwer gemacht, aber es geht, wenn wir uns nur bemühen!

2. Neo-Schamanismus und Gesellschaft

Von Kindesbeinen an „erlernen" wir unsere Realität. Wir lernen Ziele zu verfolgen (gehen dabei über Leichen, oder nehmen in Kauf Familie, Partnerschaft und uns selbst aufzugeben). Wir lernen wortgewaltig unsere Standpunkte zu verteidigen (auch mit Waffengewalt). Wir erlernen den Gebrauch legalisierter Drogen, um der in Regeln und Normen erstarrten Realität zu entfliehen. Unsere Süchte werden staatlich gefördert, die Wirtschaft wirbt und tut alles dazu um unsere realen Defizite mit den Konstrukten der irrealen Konsumrealität zu füllen.

„Realität ist etwas, worauf sich eine Gesellschaft geeinigt hat..."
(Aus Carlos Castaneda „Die Lehren des Don Juan")

Der schamanische Weg ist ein Anderer. Er ist weder ein idealistischer Heilsweg noch ist er Patentrezept für alle Ratlosen und Verzweifelten. Auch als Fluchtmittel oder Ethno- Kick völlig ungeeignet bleibt er nur wenigen als echter Weg zur Mitte vorbehalten. Niemand bestimmt wer befähigt oder berufen ist diesen Weg zu gehen, denn diese Auswahl trifft nur einer, nämlich der Weg selbst. Aber es liegt an jedem selbst den ersten Schritt zu tun.

3. Schamanische Methoden und die Wissenschaft

Ob beweisbar oder nicht, seit Jahrtausenden werden schamanische Methoden praktiziert. Die Individualität dieser Methoden dürfte mit ein Grund dafür sein, dass die wissenschaftliche Erforschung und Anerkennung bisher ausblieb. Aber nicht der Beweis, die Anerkennung, die Nachvollziehbarkeit oder Messbarkeit entscheidet über die Berechtigung dieser Methoden. Schamanismus existiert durch sich selbst und jene die diese Methoden mit Erfolg praktizieren lassen Beweise und wissenschaftliche Erklärungen ebenso unbeeindruckt wie Gegenbeweise und Theorien die das Phänomen Schamanismus auf einen reinen Plazeboeffekt reduzieren wollen.

In der Medizin gilt, oder zumindest galt früher die Prämisse „wer heilt hat Recht." Nur scheint sich auch dieser Satz nicht auf alles anwenden zu lassen. Denn letztendlich bestimmen in unserer Gesellschaft nur jene Autoritäten was Recht und Unrecht ist die im System, in der Gesellschaft verhaftet und somit selbst den bestehenden Regeln unterworfen, in ihnen gefangen sind.

Das Ziel zeitgenössischer Schamanen ist grenzüberschreitend. Nicht die Ausgrenzung der Schulmedizin, der Psychiatrie, Psychologie oder anderer, auch alternativer Heilverfahren ist die *ultimo Ratio*. Das Miteinander, das

Schöpfen aus der gesamten Bandbreite der existierenden Möglichkeiten bietet eine völlig neue Form der Beratung, Behandlung und Heilung. Ein gewaltiges Arsenal an Heilmethoden stünde uns schon jetzt zur Verfügung, und nur die Fähigkeit zur Kommunikation und Zusammenarbeit entscheidet über eine neue Form der Behandlung.

> „Alle Wege sind gleich, sie führen nirgendwo hin... Aber ist es ein Weg mit Herz, wird er dich dein Leben lieben lassen. Ist es ein Weg ohne Herz, wird er dich dein Leben verfluchen lassen. Deine Entscheidung welchen Weg du gehst muss frei von Furcht und Ehrgeiz sein!"

Kapitel II
Das Basiswissen

1. Die Grundlagen

Am Beginn befassen wir uns mit der Technik des schamanischen Reisens, unumgängliche Basis für den Erfolg in der Arbeit mit der ko-existenten Welt.

Wir nehmen die Welt die uns umgibt, in der wir existieren im <u>Normalbewusstsein</u> war. Das heißt, gefiltert durch die Filter (gesellschaftlich, moralisch etc.) die wir im Laufe unseres Lebens erwerben. Diese Filter gilt es vorerst auszuschalten.

Wie wir wissen ist Realität nur ein Konsens verschiedener, individueller Wahrnehmungen. Dieser Umstand spiegelt unsere Unsicherheit im Umgang mit Realität und Vision wider. Meist orientieren wir uns an Aussagen anderer Autoritäten, immer wieder greifen wir auf bereits vorhandenes Wissen, auf vorerlebte Realitäten und Erfahrungen zurück. Irgendwann im frühen Kindesalter oder spätestens mit dem Eintritt ins Schul- und Berufsleben geben wir die Möglichkeit Erfahrungen zu machen und daraus zu lernen ab. Zugunsten bereits erwähnter Autoritäten. Wir verlernen oder vergessen wie wir noch als Kinder gelernt haben. Wir sind zu müde und überreizt um eigene Erfahrungen zu machen und daraus unsere Schlüsse zu ziehen. Meist, wenn wir spontane Erfahrungen machen, lassen wir auch diese absegnen, oder versuchen sie in die vorhandenen Schubladen unseres Denkens unterzubringen. Der Mensch ist zum reglementierten, genormten Schubladendenker mutiert. Mit Gewalt pressen wir unsere Visionen in ein anerzogenes Erlebnisraster. Schon lange haben wir die Fähigkeit verloren unseren Visionen zu vertrauen. Haben wir eine Vision, durchläuft diese erst ein ausgeklügeltes Prüfungsverfahren. Ganz nach „Schema F" beginnt unsere Ratio nach Erklärungen für das Erlebte zu suchen. Wir suchen und finden diese Erklärungen in den Aussagen unserer Lehrer, Eltern, später dann in Lexika oder in hierarchischen Glaubenssystemen. Passt unser Erlebnis, unsere Vision in keines der vorgegebenen Muster dann landet es in der Schublade für Täuschung, Illusion oder Wunschdenken. Unser Erlebnis war nicht erklärbar, beweisbar, nachvollziehbar, messbar, einordbar, ergo nicht real.

Wenn wir schon mit diesen Filtern leben müssen, wenn uns die Gesellschaft lehrt dass zum Beispiel ein Stein nicht sprechen kann, so schaffen wir uns doch eine neue Schublade. Eine Schublade mit unserem Namen vorne drauf oder schlicht und einfach mit dem Schild "ich".

Somit haben wir für künftige Erfahrungen dieser Art ein Aufbewahrungsplätzchen und entkommen der uns anerzogenen Notwendigkeit von Beweis und Gegenbeweis.

Kinder haben den Erwachsenen gegenüber den Vorteil, dass sie noch vorurteilsfrei und unbeeindruckt von mehr oder weniger konstruierten Naturgesetzen und Normen frei erleben und erfahren können. Doch mit der Zeit beginnen auch bei ihnen diese Filter zu wirken - es ist nur ein Traum, nur deine Phantasie, nur dein Wunschdenken, das gibt es nicht, unmöglich, nicht beweisbar usw. usf. Das „nur" beginnt uns zu spalten, gewinnt an Macht.

2. Der schamanische Bewusstseinszustand

Diese Hürde aus Normen und festgelegter Wahrnehmung zu überwinden ist gar nicht so schwierig wie es vielleicht den Anschein hat. Ob mit Trommeln oder Rasseln, mit natürlichen Halluzinogenen (was hier nicht propagiert sein will), ob durch übermenschliche Anstrengungen, langes Fasten oder einer Schwitzhüttenzeremonie, immer haben es die Schamanen verstanden diese Hürde mit Bravour zu nehmen.

Der schamanischen Bewusstseinszustand ist die Voraussetzung für eine Reise in die ko-existente Welt. Erreicht wird er mit Hilfe einer Trommel oder Rassel. Der ostinate Rhythmus von 180 bis 220 Schlägen pro Minute erzeugt im Gehirn einen traumähnlichen Zustand. Die sogenannte „sensory deprivation". Anders als bekannten Meditationstechniken ist die schamanische Technik keine stille, in sich gekehrte Innenschau sondern eher eine Art dynamische

Meditation. Nicht das leise, melodische Trommeln im Hintergrund ist das Ziel. Relativ lautes, kraftvolles, immergleiches Trommeln ist die Geräuschkulisse auf der wir quasi in die Anderswelt reiten um dort mit den Verbündeten, den Spirits zu kommunizieren. Die Veränderung des Bewusstseinszustandes durch erwähnte Methoden ist zudem wissenschaftlich untersucht und auch hinreichend bewiesen. Die frage ist was der Einzelne damit macht!

Schamanenreisen haben mit den hinlänglich bekannten Phantasiereisen soviel gemein wie ein Videofilm übers Wildwasserpaddeln mit einer realen Bootsfahrt über die Stromschnellen eines reißenden Gebirgsflusses. Diese Trennung muss hier festgehalten sein, denn anders als die von außen suggerierte Phantasiereise ist die Reise im Neo-Schamanismus nicht fremd beeinflusst sondern besitzt eine aus sich selbst erwachsende Dynamik. Schamanisch zu reisen heißt diese Reise real zu erleben. Im Hier und Jetzt erleben wir die Realität einer Welt die an Intensität und Realismus der „normalen" Realität um nichts nachsteht. Eher im Gegenteil.

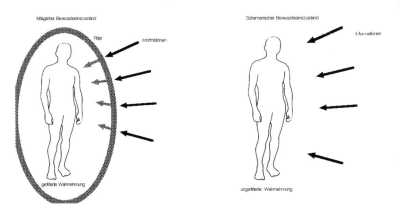

3. Trance, Traum oder Rauschzustand?

Der schamanische Bewusstseinszustand ist weder eine Trance noch hat er irgendwelche Gemeinsamkeiten mit einem Rauschzustand. Im echten Trancezustand ist die persönliche Handlungsfreiheit begrenzt. Ebenso im Rauschzustand, wodurch auch immer dieser herbeigeführt wird (mit wenigen Ausnahmen, z.B. Ayahuasca). Handlungsfähig zu sein, agieren und Entscheidungen treffen zu können, die Informationen in die alltägliche Wirklichkeit zu bringen ist aber grundlegendes Prinzip und Notwendigkeit der schamanischen Reise. Ist dies nicht der Fall, bringt die Reise keinerlei Nutzen. Der Rausch ist Flucht aus der Realwelt. Die Schamanenreise ist aktives Tun, ist Handeln, ist

Verstehen. „Einsteigen statt Aussteigen". Was nützt die farbenprächtigste Vision wenn man sich nicht daran erinnern kann? Schamanisches Reisen bedeutet ein Mehr an Realität zu akzeptieren!

Die schamanische Welt ist ebenso real (auch physisch) wie die „nichtschamanische". Aber sie ist durch jene Möglichkeiten bereichert, die in der Normalwelt, auf Grund unserer Filter, absolut undenkbar sind. Daraus ergibt sich das immense Potential an Lösungsmöglichkeiten und der Zugang zu Energien und Fähigkeiten die wir lange verloren glaubten.

Seit jeher kennen die Schamanen den Zugang in die ko-existente Welt, die Welt der Krafttiere, Lehrer, Seelen, Pflanzenverbündeten und der Hilfsgeister. Für sie ist der Besuch dieser Welten ein Seelenflug voller Gefahr und Kampf, aber auch voller Kraft und Unterstützung durch die Hilfsgeister, Ahnen und Krafttiere. Sie reisen weiter, extremer, in andere Regionen als jene die sich dem „Nicht-Schamanen" im Neo-Schamanismus eröffnen. Aber nicht nur durch die Überlieferung wird dieses Wissen weitergegeben, sondern vor allem durch die persönliche Erfahrung. Eben jene Erfahrungen sind es, die das Bild des schamanischen Kosmos prägen. Wir gehen hier aber besser nicht von Theorien oder Annahmen und Ideen aus. Als Praktiker zählt für uns das was wir erlebt haben, was wir gesehen haben. Die visuelle Wahrnehmung ist entscheidend. Das übernommene Wissen dient hier nur als Orientierungshilfe, als Landkarte welche uns die Navigation erleichtert. Das Bild des schamanischen Kosmos das sich uns darstellt, entstand vor allem durch diese Art der Wahrnehmung. Wir *glauben* nicht an die Vision, denn wir *wissen*, weil wir sie selbst *erlebt* haben.

Somit sind die drei Welten, jene Ebenen welche dem indigenen Schamanen zugänglich sind keine wage Vermutung oder Theorie. Sie sind seit Jahrtausenden immer wieder gemachte Erfahrung und erlebte Realität. Die drei Welten des schamanischen Kosmos sind real, auch wenn nur die wirklich Wissenden sie in ihren Tiefen aufsuchen können. In dem Moment wo wir selbst den schamanischen Weg beschreiten werden aber auch wir vom staunenden Zuhörer zum aktiven Teilnehmer. Wir verwandeln uns zum wichtigen Akteur in einer Realität, die leider den meisten Menschen verschlossen bleibt. Dennoch bleiben unsere alltägliche Welt und die schamanische, spirituelle Welt miteinander verbunden. Somit erklärt sich das Faktum, dass eine Behandlung, welche in der schamanischen Welt durchgeführt wird, auch Einfluss auf unseren Gesundheitszustand in der Normalwelt haben kann. Hätte die Behandlung keinerlei Einfluss, wäre sie ja auch umsonst, logisch oder nicht?

Aus dieser Tatsache und aus der Tatsache, dass Schamanismus immer noch auf der ganzen Welt praktiziert wird und sogar in unserer rationalen Konsumgesellschaft seine Spiegelung im Neo-Schamanismus einen Aufschwung erfährt, können wir dessen Effizienz ableiten.

4. Schamanischer Kosmos, die drei Welten

5. Die Untere Welt

Unser gesamtes Wissen über die Topographie der Nichtalltäglichen Wirklichkeit entstammt den Erfahrungswerten der Schamaninnen und Schamanen, und den Erlebnissen und Berichten moderner Menschen, welche sich auf den neo-schamanischen Weg gemacht haben. Also allesamt Praktiker wenn auch von unterschiedlicher Prägung. Immer wieder machen wir die Erfahrung dass unsere Erlebnisse einander ähnlich sind. Trotz unterschiedlichster Problemstellung und ebenso unterschiedlicher Herkunft machen viele Menschen ähnliche Erfahrungen, erleben die Realität der Nichtalltäglichen Wirklichkeit als real und nachvollziehbar.

Wir beginnen schwerkraftgemäß mit der Unteren Welt. Die Erfahrung zeigt, und das seit Jahrtausenden, dass es eine Welt gibt, in die man schlicht und ergreifend topographisch gesehen *nach Unten* reist. Das heißt: Im schamanischen Bewusstseinszustand erreichen wir diese Welt z.B. über einen Tunnel, einen Schacht oder Wurzeln die in die Erde führen. Diese *Untere Welt,* wie wir sie nennen, hat aber nichts mit *Unterwelt* oder gar *Hölle* gemein. Sie liegt nur unterhalb des Niveaus der Mittleren Welt, auf deren Besonderheiten wir später noch eingehen werden.

Weltweit erzählen native Schamanen von Reisen in die Erde, auf den Grund des Meeres, nach unten, in die Untere Welt. Ihre Reisen hielten und halten sie in der Bemalung ihrer Schamanentrommeln fest (vgl. Hoppal). In Geschichten und Märchen werden die Erlebnisse der Schamanen auch heute noch weitererzählt. Viele, auch uns bekannte Märchen enthalten die Geschichte vom Abstieg in eine Welt in der Erde, eine Innenwelt oder Unterwelt. Dort gilt es meist etwas zu suchen und zu finden. Einen Schatz vielleicht oder ein Heilmittel. Auch Kämpfe hat der Held (der Schamane) im Märchen durchzustehen. Aber am Ende steigt er siegreich wieder ans Sonnenlicht empor und rettet die Prinzessin, bringt das ersehnte Heilmittel oder die eine, richtige Antwort auf die eine alles verändernde Frage. Wie auch immer, viele Märchen und Mythen sind ursprünglich die Geschichten der Schamanen. Denn neben ihrer Mittlertätigkeit zwischen den Welten waren es eben jene Männer und Frauen, die am Lagerfeuer ihre selbst erlebten Geschichten erzählt und ihre alten Lider gesungen haben. Auch wir reisen in Bereiche diese Welt. auch wenn wir zu Beginn mitunter die Abzweigung verpassen und in unserem Unterbewussten landen in dem Freud und Jung vermutlich mehr zur Bewusstwerdung beitragen könnten als das fälschlich von uns imaginierte Pseudo-Krafttier. Aber mit der Zeit, der Praxis, wird der der übt sicherer in seiner Wegwahl und schon bald gewinnt auch so manches Märchen an das wir uns aus Kindertagen zu erinnern vermögen einen tieferen Sinn für uns. Vieles was den meisten verborgen bleibt, eröffnet uns eine völlig neue Sichtweise. Denn in vielen Märchen steckt mehr als nur der vordergründige Sieg des Guten über das Böse. Zwischen den Zeilen eröffnet sich dem Wissenden eine Welt, die auch er aus seinen neo-schamanischen Reisen kennt. Und diese Reisen in die Welt der Schamanen sind realer als der Leser zu diesem Zeitpunkt geneigt zu glauben ist.

In der Unteren Welt treffen wir auf unsere *Krafttiere.* Dies sind Wesenheiten welchen wir mit Respekt begegnen sollten. Abgesehen davon, dass diese *Geisttiere /Nagualtiere* unseren Vitalaspekt verkörpern (dazu kommen wir im Kapitel Krankheit und Heilung), sind sie die wahren Autoritäten. Sie sind es die uns mit Rat und Tat zur Seite stehen. Ihrem Ratschlag sollten wir folgen und auf ihre Weisheit vertrauen und nicht an ihnen zweifeln. Dies aber setzt voraus dass wir uns mehr als nur sicher sind unserem Krafttier begegnet zu sein. Wunschdenken wäre hier fehl am Platz!

Jeder Mensch hat von Geburt an sein Krafttier. Leider endet die Beziehung zu ihm viel zu früh oder sie wird uns erst gar nicht bewusst (gemacht). Denn was nicht sein kann, darf nicht sein. Sind Tiere die im kindlichen Traum oder auf Schamanenreisen zu uns sprechen, intelligent oder gar weise, kann oder darf das überhaupt sein? Prompt wird der weise *Ratgeber Bär* zum Teddy, zum Spielzeug degradiert der Rest des erlebten als „Traumbild ohne Realitätsbezug" abgetan. Aber Immerhin ist das Phänomen des Teddybären ein ganz besonderes. Zeugt es doch von unserer Sehnsucht nach einem Beschützer, einem

Freund, der über den Dingen der normalen, alltäglichen Realität steht. Wenn die Kinder noch das Wissen und den Bezug zu ihren Krafttieren hätten würden sie wohl kaum so manches Haustier zu Tode quälen oder im Meerschweinchen, dem Goldfisch gefangen in seinem Glas, oder in Nachbars Katze ein reines Spielzeug sehen. Und wenn wir Erwachsenen diesen Bezug, dieses Gefühl für Respekt und die Beseeltheit der Dinge noch in uns wüssten, wie würden wir dann mit unseren zu bloßen Eiweißlieferanten verurteilten tierischen Mitbewohnern dieses Planeten umgehen?

Fragen die man sich nicht gerne stellt, aber die zu stellen man nicht umhinkommt. Nicht extremer Vegetarismus ist das Ziel, sondern ein respektvoller Umgang mit dem „Lebensmittel Tier" (und selbstverständlich auch mit dem "Lebensmittel Pflanze" denn wenn alles eine Seele hat..?)

In der Nichtalltäglichen Wirklichkeit lernen wir wieder diesen Wesenheiten mit Respekt zu begegnen. Dies hat auch unmittelbare Wirkung auf unser Leben in der Alltäglichen Welt. Darauf müssen wir uns eben einlassen, das fordert der Weg. Immerhin stehen uns unsere Verbündeten als Ratgeber zur Verfügung. Fehlt uns aber der Respekt und vor allem die Tiefe in dem was wir tun, dann degradieren wir jene Geistwesen zu reinen Phantasieprodukten welche wir unterbewusst agieren lassen und die am Ende zu bloßen Marionetten unserer Wunschvorstellung werden können. Wer sich daran zu orientieren versucht wird das was er schon vorher war: Gefangener des eigenen Wunschdenkens, dahintreibend im Ozean der esoterischen Wunschvorstellung.

In der Unteren Welt treffen wir auch auf die Wesenheiten aus dem Pflanzenreich, auf Hilfsgeister (Insekten) und auch auf Wesenheiten in Menschengestalt. Auch wenn vieles unmöglich erscheint, ist auch die Untere Welt ebenso real wie unsere Alltagswelt. Aber eben, wie erwähnt, um viele Möglichkeiten bereichert. So kann man in Fragen der effektivsten Fortbewegung schon mal sein Krafttier bemühen. Und wenn es will, einen Flug auf dessen Rücken genießen, oder sich von ihm tragen lassen, vorausgesetzt es erlaubt uns dieses...

Neunundneunzig Prozent der schamanischen Arbeit ist Kommunikation. Also reden, Fragen stellen, Antworten hören, Zeichen sehen. All unsere Sinne werden dabei in Anspruch genommen. Stehe ich stumm und teilnahmslos vor meinem Krafttier, wird es wenig Anlass dazu finden mit mir ins Gespräch zu kommen. Ganz real also.

Folgende Punkte solltest Du auf all Deinen Reisen in die Untere Welt beachten:

1. Sei aktiv und einfallsreich! Besinne Dich auf Deine Möglichkeiten in der Realwelt und addiere dazu alles was bisher unmöglich war.

2. Behandle die Krafttiere mit Respekt! Sie sind deine ganz persönlichen Ratgeber. Du willst etwas von Ihnen, verhalte dich entsprechend.

3. Vertraue dem Rat der Krafttiere! Sie sind die wahren Autoritäten.

4. Interpretiere keine Antworten! Entweder ist die Antwort klar und deutlich oder du hast sie nicht verstanden, bzw. die Frage war nicht klar formuliert. Oft ist es die eigene Unsicherheit oder die Angst vor der Umsetzung die uns dazu treibt eine Antwort oder einen Auftrag so lange umzuinterpretieren bis er uns in den Kram passt.

5. Überlege genau den Grund deines Besuches in der Unteren Welt! Auch hier sollte deine Entscheidung „frei von Furcht und Ehrgeiz sein"

6. Wenn du nicht vor hast den Rat der Krafttiere zu befolgen, lass es sein!

6. Die Obere Welt

Für die Obere Welt gilt im Prinzip, was für die Untere Welt gilt. Die Erfahrung zeigt dass es diese Welt *über* dem Niveau der Mittleren Welt liegt. Der Weg in diese Welt führt, richtig, nach *oben*. über einen Baum, den Rauch eines Feuers, über einen Berg oder entlang einer (vorerst) imaginären Leiter. Wieder sollten wir den Wesenheiten dieser Welt mit Respekt begegnen. In dieser Welt beheimatet ist *der Lehrer*. Da weder die Antworten der Krafttiere, noch die Antworten des Lehrers Interpretation zulassen, beginne ich erst gar nicht damit die Lehrerpersönlichkeit als Über-Ich, hohes Selbst oder sonst wie zu definieren. Die Persönlichkeit des Lehrers ist **real**. Ebenso real wie ein Baum oder dein Auto, dein Lehrer in der Grundschule oder ein Stein. Weder ein Stein lässt viel Spielraum für Interpretationen noch ein Auto oder gar der Grundschullehrer.

Interpretiere nicht sondern sei aufmerksam! Versuche deine Vision nicht zu erklären sondern verwende deine Energie dazu sie zu akzeptieren und zu integrieren.

Obwohl manchmal eher schweigsam, so ist auch der Lehrer ein weiser und wichtiger Ratgeber. Wenn auch sein Spezialgebiet meist anders gelagert ist als das der Krafttiere. Kümmern sich Krafttiere eher um Aufgaben erdiger Natur, also um Probleme des täglichen Lebens, so ist der Lehrer hingegen besonders für geistige und spirituelle Bereiche zuständig. Eine weitere Spezialität des Lehrers ist *die Behandlung*. Die Art der Behandlung ist ganzheitlich. Das heisst sie hat einen spirituellen wie einen körperlichen Aspekt. Mit Absicht gehe ich nicht näher auf diese Persönlichkeit ein, denn jeder soll seine eigenen, unbeeinflussten Erfahrungen machen können, es gilt auch hier im Vorfeld so wenig wie möglich zu suggerieren.

> **In der Oberen Welt gilt:**
>
> *Sei bereit für Veränderung. Lasse dich nicht durch eventuell verwirrende Optik täuschen und sieh genau hin. Gib Dich der Behandlung durch den Lehrer hin. Vertraue auf das Prinzip von Stirb und Werde. Kein Licht ohne Schatten, keine Wiedergeburt ohne Tod...*

7. Die Mittlere Welt

Die Mittlere Welt ist die Welt in der wir leben. Wenn wir schamanische Reisen in diese Welt unternehmen, so genannte *Mittlere Welt Reisen* - dann nehmen wir diese Welt im schamanischen Bewusstseinszustand wahr. In diesem Zustand erschließt sich ein völlig neuer und anderer Zugang. Er kommt dem Begriff der *erweiterten Wahrnehmung* nahe. Denn nun nehmen wir unsere Umwelt ohne die vorher angesprochenen Filter wahr. Wir haben die Möglichkeit mit all den Wesenheiten zu kommunizieren. Pflanzen und Steine werden zu Ratgebern, Heilkräuter zu Verbündeten. Wir haben die Chance das wahre Wesen der Dinge um uns zu erkennen und einen wahrhaftigen Begriff davon zu bekommen was unter "beseelter Natur" oder "Mutter Erde" eigentlich gemeint ist. Mit der Methode des schamanischen Reisens nehmen wir Kontakt zu den Wesenheiten von Kraftplätzen auf oder setzen uns mit den Spirits von Quellen oder Bäumen in Verbindung. Sind Seelen Verstorbener in der Mittleren Welt hängen geblieben, können wir auch diese sehen und sie mit einer speziellen Technik dorthin führen, wohin die Seele des Menschen nach dem Tod von Natur aus gehört.

Dies sind nur einige der Möglichkeiten die sich uns in der Mittleren Welt eröffnen.

> **Bei Reisen in der Mittleren Welt gilt:**
>
> *Alles um uns lebt. Der Baum, der Stein, der See. Allem wohnt ein Geist, eine Seele inne mit der wir kommunizieren können. Erkennen wir die Dinge wie sie wirklich sind! Lass für den Zeitraum deiner schamanischen Reise die Realität auf die sich unsere Gesellschaft geeinigt hat ihre Gültigkeit verlieren. Alles das einen Schatten wirft, besitzt eine Seele! Suche nach ihr und vertraue ihrer Botschaft! Wem sich eröffnet, dass alles was ist, lebendig ist, eine Seele, Intelligenz besitzt und somit der Kommunikation mit uns fähig ist, dem wird auch klar weshalb dieser kommunikative Zugang zur Natur das Leben entscheidend zu verändern im Stande ist.*

8. Die Technik der Schamanenreise
Übungen

Grundvoraussetzung für den Kontakt zur schamanischen Welt ist das <u>Beherrschen dieser Technik</u>. Diese ist je nach Begabung und Neigung relativ leicht und schnell erlernbar. Und wie bei anderen Techniken eben auch ist der Erfolg abhängig vom Training, vom persönlichen Einsatz. Jeder Mensch hat sein eigenes Tempo, seine ganz persönliche Geschwindigkeit. Der eine ist ein Naturtalent, der andere benötigt etwas mehr Zeit. Letztendlich entwickelt jeder seinen ganz persönlichen Stil.

Wir erlernen das schamanische Reisen des Neo-Schamanismus Schritt für Schritt. Aber: Nur durch oftmaliges Lesen und Auswendiglernen der einzelnen Schritte lernt man nicht. Wichtig ist das Üben, es zählt die persönliche Erfahrung.

Wir beginnen mit der Vorbereitung.

Der Zugang in die Untere Welt findet meist klassisch durch einen Tunnel oder durch eine Höhle statt. Zu Beginn benötigen wir einen Ausgangspunkt, einen Startpunkt von dem aus wir unsere zukünftigen Reisen beginnen werden. Dieser Startpunkt sollte sein:

- Ein Platz in der Natur

- an dem Du Dich wohl fühlst

- es sollte dort einen Eingang in die Erde geben der nach Möglichkeit

  auch real existiert.

- Um sich später genau erinnern zu können, ist es hilfreich diesen Ort oft aufzusuchen um ihn mit allen (!) Sinnen zu erfahren. Es hat sich folgende Technik hierzu bewährt: Die Sinne reduzieren indem man zuerst den Platz mit verbundenen Augen anhand der verbliebenen Sinne wahrnimmt. Die Konzentration liegt dann auf folgenden Wahrnehmungen: Temperatur, Gerüche, Geräusche, das Fühlen mit Händen, Wind auf der Haut, Feuchtigkeit, Trockenheit, Bodenbeschaffenheit usw.

So wahrgenommen gewinnt die Wahrnehmung des Platzes an Intensität.

Vorbereitende Übung zur Reise

(kann allein gemacht werden, besser jedoch zu zweit)

H= vom Helfer gesprochen

A= Antwort (Beispiel) des Reisenden

Δ Dämpfe das Licht

Δ Lege dich bequem auf eine Decke am Boden

Δ Bedecke deine Augen mit einem Tuch

H. Atme drei Mal tief ein und aus

H. Entspanne dich

H. Stelle dir deinen Platz in der Natur vor

Pause

H. Siehst du den Platz in der Natur ?

A. Ja

H. Ist das Bild das du siehst in Farbe oder in Schwarz/Weiß?

A. in Farbe

H. Ist das Bild bewegt oder statisch

A. es bewegt sich

H. ist das Bild klar oder verschwommen?

A. klar

H. Hörst du Geräusche an diesem Platz

A. nein

H. Ist es an diesem Platz warm oder kalt

A. warm

H. Suche nun nach einem Eingang in die Erde

Pause

H. Hast du einen Eingang in die Erde gefunden?

A. ja

H. Wie sieht der Eingang aus?

A. Es ist eine Höhle

H. Präge dir den Eingang gut ein und komm wieder zurück.

Atme tief durch, strecke dich, öffne die Augen, setze dich auf.

Diese Übung muss nicht sklavisch eingehalten werden, hat sich allerdings bei meinen Seminaren sehr bewährt. Die Fragen des Helfers sollten in etwa dieser Art gehalten sein. Vorher einige man sich darauf, dass der Reisende so knapp wie möglich antwortet. Je öfter die Übung gemacht wird, desto leichter ist letztlich es für den Reisenden sich an gedanklich an diesen Ort zu begeben. Obwohl es den äußeren Anschein macht dass es sich beim schamanischen Reisen um einen rein geistigen Prozess handelt, ist das Erleben organischer, physischer Natur essentiell notwendig! Die Kunst besteht ja nicht darin, wie oft fälschlicherweise verstanden den Körper zu verlassen sondern eine physische Wahrnehmung zu erzeugen welche die gesamte bestehende Realität umfasst.

Wichtig ist das dreimalige Atemholen zu Beginn und das Durchatmen und Strecken am Ende der Übung. Diese beiden Punkte markieren organisch die Übung und sind ebenso ein kleiner ritueller Rahmen an dem sich auch unser Unterbewusstsein orientieren kann. Dieser rituelle Rahmen lässt sich je nach individueller Neigung ausbauen, sollte jedoch schlicht bleiben und nicht zu sehr vom eigentlichen Sinn der Handlung Ablenken.

Anmerkungen zur Übung

1. Der Platz in der Natur

Nicht jedem fällt spontan ein Ort in der Natur ein an dem er sich wohl fühlt und an dem es einen Eingang in die Erde gibt. Lasse dir, bzw. als Helfer deinem Partner genügend Zeit und drängle nicht. Benütze deine Phantasie. Der Helfer wird zunächst vermutlich den Drang verspüren eben helfend, gar mit Vorschlägen wie der Platz in Natura aussieht, eingreifen zu wollen. Aber diese Hilfe wäre contraindiziert. So kann es für den Helfer durchaus persönliche Herausforderung sein diverse Einmischungen zu unterlassen und sich rein auf seine Funktion zu beschränken die da lautet: Frage stellen - Antwort abwarten - Frage stellen - und niemals, wirklich niemals drängeln!

2. Der Eingang in die Erde

Auch Mauselöcher oder kleine Spalten zwischen Steinen können solche Eingänge sein, nicht jeder kennt eine Örtlichkeit mit klassischem Tunnel- oder Höhleneingang. Auch entlang den Wurzeln eines Baumes lässt es sich, wenn auch zu Beginn kaum vorstellbar, vorzüglich reisen. Ebenso sind Tümpel, kleine Seen oder Bäche dazu geeignet die Reise in die Untere Welt anzutreten. Wobei bei Gewässern gesagt werden muss dass es für die meisten Anfänger einiger Überwindung bedarf unter Wasser zu atmen. Doch wir sind in einer anderen Realität, noch verwenden wir Imagination und Phantasie als Hilfsmittel auf den ersten Metern unseres Weges. Was uns im Wege steht ist nicht eine etwas klein geratene Tunnelöffnung sondern unsere Vorstellung von dem was geht und was nicht geht.

Technisch orientierte Menschen verwenden oft auch Kanalröhren oder einen Lift als Eingang in die Erde. Auch Rolltreppen eignen sich. Aber man sollte der Natürlichkeit den Vorzug geben. Meist finden sich in jenen sich vorgestellten technischen Umfeldern die Abzweigungen ins Unterbewusste und den Lagerhallen unserer unerfüllten Wunschvorstellungen.

3. Nach der Übung

Der Reisende soll so detailliert wie möglich über seine Wahrnehmung berichten. Je genauer und ausführlicher er berichtet, desto besser funktioniert es beim nächsten Versuch. Von diesem Platz aus werden alle folgenden Reisen ihren Anfang nehmen. Es hilft beim Erzählen die Augen geschlossen zu halten und zu versuchen das Erzählte nochmals körperlich nachzuspüren.

Für den Helfer gilt es nun abermals geduldig zuzuhören, nicht zu drängeln und abermals nachzuhaken. "War es dort kalt? hell oder dunkel? waren da Geräusche? ...". Neugierig sein, aber nicht drängeln. Zur spannenden Abendbeschäftigung kann diese Übung werden wenn man sich abwechselt. Die Übung selbst sollte so oft wiederholt werden (mit ein paar Tagen Abstand) bis man ohne Mühe den gewählten Platz aufsuchen und ihn physisch intensiv empfinden kann.

4. Eine Warnung schon am Beginn

Es macht wirklich wenig Sinn auch nur einen Schritt weiter zu gehen bevor diese Übung nicht sitzt. Aus ihr leiten sich nämlich sämtliche folgende Erfahrungen ab. Obwohl diese Übung simpel zu sein scheint und wir gerne zur Eile und zum Überspringen notwendiger Entwicklungsschritte tendieren, ist sie die absolute Basis für alles was danach kommt. Sie ist das Fundament und maßgeblich für die Qualität unserer zukünftigen Erfahrungen. Wenn wir nicht zuerst lernen die alltägliche Welt, die uns umgibt, wirklich und mit allen Sinnen wahrzunehmen, wie sollen wir dann jemals eine erweiterte Realität wahrnehmen können? Da sind Überforderung und frühes Scheitern bereits vorprogrammiert. Diese Basisübung schärft unsere Wahrnehmung im Allgemeinen. So nehmen wir, wenn wir konsequent üben, schon in kurzer Zeit die Welt anders war. Alles erscheint uns klarer, realer, auch bunter, was nur von Vorteil sein kann. Egal ob wir uns auf eine schamanische Reise begeben, einen Parkplatz suchen oder uns um eine neue Arbeitsstelle bemühen bei der wir uns in neuer Umgebung mit neuen Mitarbeitern arrangieren müssen.

Kapitel III
Der erste Kontakt

1. Tunnelreisen

Um den schamanischen Zustand zu erreichen benötigen wir die Unterstützung einer Trommel oder Rassel. Seit altersher übernahm diese Aufgabe der *Trommelhelfer*, was nach wie vor das Ideal ist. Steht niemand zur Verfügung ist es auch möglich auf technische Hilfsmittel wie Tonbänder und CDs zurückzugreifen was nicht jedermanns Sache ist. Nicht geeignet ist die typische Meditationsmusik. Für unsere Zwecke benötigen wir den ostinaten Trommelschlag von 180 bis 220 Schlägen pro Minute. Zur Not eignet sich auch eine Tonne, ein Topf oder der Deckel eines Buches auf den wir klopfen um diesen Rhythmus zu erzeugen. Besser sind jedoch *Rahmentrommeln* die es in Geschäften für indianisches Kunsthandwerk oder esoterisches Zubehör zu kaufen gibt. Die Trommel ist wie die Rassel ein heiliges Instrument, ein Kraftobjekt besonderer Qualität. So sollte man schon beim Kauf bedenken wie wichtig einem das Arbeiten mit schamanischen Techniken ist.

Die vielleicht schönste Methode das schamanische Reisen zu erlernen ist im Freundeskreis oder ganz individuell bei einem entsprechenden Lehrer welcher jedoch genau unter die Lupe zu nehmen ist, da oft viel versprochen aber letztlich nur wenig bewegt wird. Das Erlernen in Seminaren ist oft mit der Problematik verbunden, dass meist nicht alle Teilnehmer auf Grund der hohen Teilnehmerzahl persönlich betreut werden können und so viele Fragen des Einzelnen zwangsweise unbeantwortet bleiben müssen. Ein weiteres Problem scheint sich ebenfalls durch die hohen Teilnehmerzahlen zu ergeben das dem Veranstalter meist zwar reichlich Gewinn aber dem Teilnehmer nur wenig echte Erfahrung beschert. Gruppendynamik und Konkurrenzdenken spielen da oft unterschwellig mit und verzerren mitunter die erlebte Realität. Partnerschaft, engster Freundeskreis und Einzelunterweisung bewähren sich erfahrungsgemäß am Besten um das z.B. bei einem Seminar erhaltene Ansatzwissen zu vertiefen. Ich ziehe die Einzelunterweisung und die Arbeit in Kleingruppen mit maximal vier bis sechs Personen vor.

Alle weiteren Schritte in diesem Buch sind ohne die Verwendung einer Trommel, Rassel oder eines Tonbandes oder die Hilfe eines Trommelhelfers nicht nachvollziehbar! Es ist eben ein Praxisbuch.

Der Tunnel

Der Tunnel führt uns in die Untere Welt (UW). Der erste Schritt ist es diesen Tunnel zu erkunden.

Ganz <u>bewusst</u> verwenden wir unsere <u>Phantasie,</u> unsere <u>Erinnerung</u> und die Fähigkeit der <u>Visualisation,</u> um die Hindernisse, die uns unsere erlernte Wahrnehmung aufzwingt zu überwinden.

Wir stellen uns den Platz (wie in d. Übung unter 8.) in der Natur vor, visualisieren ihn, versuchen ihn so gut als möglich *mit allen Sinnen* zu erfahren. Auch den Eingang und den Anfangsbereich des Tunnels erzeugen wir mit der Erinnerung und unserer Phantasie. Aber der Trommelrhythmus sorgt dafür, dass irgendwann nach Betreten des Tunnels unser Erlebnis eine gewisse Eigendynamik entwickelt. Wir werden vom Erzeuger der Vision, zum staunenden Teilnehmer! Das was wir sehen entspringt nicht mehr unserem Wunschdenken, sondern ist real und daher unberechenbar und unbekannt. Die Reise hat begonnen!

Der erste Versuch

Schamanische Disziplin:

Werde dir vor jeder Reise bewusst warum du sie unternimmst. Formuliere dein Vorhaben in einem kurzen, prägnanten Satz.

Zum Beispiel: „Ich mache eine Reise in den Tunnel der in die Untere Welt führt um ihn kennen zu lernen."

Sei dir auch bewusst, dass, obwohl du erst begonnen hast diese Welt aufzusuchen, schon jetzt Prozesse in Bewegung kommen!

Vor jeder Reise gilt es eine gewisse Prozedur einzuhalten. Ähnlich dem Check In am Flughafen.

Schamanischer Check In:

1. Schaffe dir ein ruhiges Umfeld und stelle sicher dass Du / Ihr nicht gestört werden könnt.

2. Werde dir bewusst, warum du die Reise unternimmst.

3. *Einige dich mit deinem Trommelhelfer auf die Dauer deiner Reise. Bei dieser Reise genügen <u>fünf Minuten</u>. Vereinbare mit dem Helfer ein Rückhol-signal (z.B. fünf abgesetzte Trommelschläge, dann folgt eine Sequenz sehr schneller Schläge ca. eine halbe Minute lang, danach wieder fünf einzelne, abgesetzte Schläge)*

4. *Beginne mit der vorbereitenden Übung aus Kapitel II (die Übung ist nur zu Beginn nötig, je nachdem wie intensiv dein Gefühl für den Platz ist kann sie später bis auf einige Punkte entfallen.) Hast du bereits ein sehr klares Bild von Platz und Tunneleingang genügen die drei tiefen Atemzüge und das Entspannen.*

Die erste Tunnelreise

Das Thema der Reise lautet: Ich mache eine Reise in den Tunnel um in mir anzusehen.

Aufgabe: Finde den Tunneleingang, betrete den Tunnel und gehe ihn bis zu seinem Ende. Beobachte, erforsche und lerne den Tunnel kennen. Du bist richtig wenn der Tunnel nach unten führt.

Die Reise

(H= spricht der Helfer)

1. Führe Punkt 1 - 3 aus (Check In)
2. Führe Punkt 4 aus oder nimm drei tiefe Atemzüge und entspanne dich
3. H. Suche deinen Platz auf
4. H. Gehe bis zum Tunneleingang
5. H. Rufe dir deinen Auftrag ins Gedächtnis

   (Ich mache eine Reise in den Tunnel um in mir anzusehen...)
6. H. Du hast fünf Minuten Zeit -kurze Pause-
7. H. Die Reise beginnt
8. Der Trommelhelfer beginnt zu trommeln

   nach fünf Minuten Rückholsignal:

   eine halbe Minute lang schnelle Trommelschläge

   einmal fünf abgesetzte Trommelschläge

9. H. Atme tief durch und strecke dich
10. H. Öffne die Augen und setze dich auf
11. H. Erzähle wie es dir ergangen ist
12. Der Reisende erzählt detailliert sein Erlebnis.

Auftretende Schwierigkeiten und Lösungsvorschläge

Die meisten der auftretenden Probleme sind eigentlich gar keine. Ausgehend von der Tatsache, dass wir uns in einer anderen Realität bewegen, müssen wir uns auch in der schamanischen Welt mit so manch realer Lösung behelfen. Trotz des schamanischen Bewusstseinszustandes müssen wir aktiv sein.

Einige Beispiele

Seminarteilnehmer F. klagte darüber dass, als er den Tunnel betreten hatte nichts weiter geschah. Er betrachtete fünf Minuten die Wand welche ihm am Nächsten war. Es geschah nichts. Auf meine Frage was er hätte tun können fand er nach einigem Überlegen die richtige Antwort die da lautete: weitergehen. Eine einfache Lösung, auf die er, weil von der erstaunlichen Realität des feucht- kühlen Tunnelklimas überrascht, völlig vergessen hatte.

Teilnehmerin S. stand lange Zeit im Dunkel. Auch sie fand beim Gespräch über ihr Erlebnis die Lösung: Da sie ja zu Beginn der Reise ihre Phantasie benutzen konnte, nahm sie sich beim nächsten Versuch eine Taschenlampe mit. Ebenfalls eine einfache Lösung.

Oft tritt das Problem auf, dass die Tunnelöffnung zu klein ist um durchzukommen. Auch hier hilft die Phantasie. Es besteht die Möglichkeit den Eingang zu vergrößern in dem man gräbt, oder Felsen beiseite räumt. Meist genügt es aber einfach zu versuchen sich hindurchzuzwängen. So passen auch Menschen mit einmeterachzig in ein Mauseloch oder durch eine handbreite Felsspalte.

Seminarteilnehmerin R. stand plötzlich vor einem Loch im Boden. Kurzerhand sprang sie in die gähnende Leere. Sie war sich bewusst dass ihr kein körperliches Leid widerfahren würde. Der Sturz in die Tiefe war für sie aber so real, dass sie nachdem sie zurückgekehrt war instinktiv ihren Körper auf Verletzungen zu untersuchen begann.

> **Bei allen Reisen gilt**
>
> *Sei mutig, phantasievoll und aufmerksam! Die beste Voraussetzung für erfolgreiche Reisen in die Nichtalltägliche Wirklichkeit sind Neugier und die Fähigkeit zu staunen. Die Reisen in den Tunnel sollten zwei bis dreimal geübt werden. Mit der Zeit wird man selbstbewusster und findet sich auch in einem größeren Tunnelsystem ohne weiteres zurecht. Abgesehen davon braucht man immer weniger Zeit um den Eingang zu finden und durch den Tunnel an dessen Ausgang zu gelangen.*

Hat man zu Beginn Schwierigkeiten den Ausgang zu finden, einfach weitersuchen. Aber ohne Zwang oder Druck. Tunnelreisen unter Stress führen zu keinem Ergebnis.

Wir sollten uns an den Kindern orientieren. Sie haben die Fähigkeit sich spielerisch und ohne große Erwartungshaltung auf ein Abenteuer einzulassen. Sie sind echte Vorbilder und lassen so manch hoch intellektuellen Erwachsenen alt aussehen.

Wenn wir den Tunnel und dessen Ausgang gefunden haben beginnt das eigentliche Abenteuer des schamanischen Reisens. Obwohl der Tunnel noch andere Aufgaben als den des Zugangs in die schamanische Welt erfüllt, beginnt das wahre Abenteuer erst nachdem wir durch den Ausgang in die UW (Untere Welt) treten. Auch hier macht der nächste Schritt nur Sinn wenn das bisher versuchte auch wirklich klappt. Dieser Logik können wir uns ganz einfach nicht entziehen.

2. Die Reise in die Untere Welt (UW)

Die untere Welt ist eine ko-existente Welt mit der ihr eigenen Topographie. Gleich wie in unserer alltäglichen Welt unterliegen die Landschaften Gesetzmäßigkeiten. Es gibt Wüsten und Meere, schneebedeckte Gipfel und ausgedehnte Wälder. In dieser Welt finden wir Wesenheiten, wie z.B. unsere Krafttiere. Diese Welt aufzusuchen und sie kennen zu lernen ist vorerst unser Ziel. Sie zu erkunden ist eine Lebensaufgabe, sie gar vollständig in all ihren Bereichen zu kennen wohl nur den weisesten und vielleicht ältesten Schamanen vorbehalten.

Die erste UW-Reise

Das Thema der Reise lautet: Ich mache eine Reise durch den Tunnel in die Untere Welt um mich dort umzusehen. Verwende bewusst den Begriff "Untere

Welt" und nicht "Unterwelt" denn letzteres würde eventuell ein Abzweigen in dein Unterbewusstes bedeuten. Wir reisen ja extern und nicht intern.

Dein Auftrag: Finde den Ausgang in die UW. Tritt hindurch und schau dich um damit du den Weg zurück findest.

Erforsche die nähere Umgebung um den Ausgang. Wenn du Tiere oder andere Wesenheiten triffst unterhalte dich respektvoll mit ihnen. Nimm nichts mit. Beim Rückholsignal verabschiede dich wenn nötig. Wirf einen Blick zurück und komme durch den Tunnel zurück. Solltest du den Eingang nicht wieder finden, keine Panik, du kommst auf einem anderen Weg zurück.

1. Führe Punkt 1 - 3 aus (Check In)
2. H. Nimm drei tiefe Atemzüge und entspanne dich
3. H. Suche deinen Platz auf
4. H. Gehe bis zum Tunneleingang
5. H. Rufe dir deinen Auftrag ins Gedächtnis
6. H. Du hast fünfzehn Minuten Zeit
7. H. Die Reise beginnt

Nach ca. 15 Minuten Rückholsignal usw.

9-12

Auftretende Schwierigkeiten und Lösungsvorschläge

Wieder sind die meisten Probleme wie so oft auf unsere Einfallslosigkeit zurückzuführen. Meist sind wir durch die Intensität und Realität dieser Erfahrung derart überfordert, dass wir auf einfachste Lösungen schlichtweg vergessen. Größtes Problem ist, wie so oft, die Fortbewegung. Entweder wir vergessen darauf, oder wir müssen erst lernen uns in einer Realität, in der auf einmal alles möglich ist, fortzubewegen. (Auch das Fliegen stellt eine effektive Methode der Fortbewegung dar.) Aber mit der Zeit und der Erfahrung gehen wir etwas zielgerichteter an die Sache heran. Je öfter wir diese Reisen unternehmen, desto leichter finden wir uns in der Nichtalltäglichen Wirklichkeit zu Recht. Erfahrung ist eben alles.

Einige Beispiele

Seminarteilnehmer F. hatte Probleme durch den Ausgang in die UW zu gelangen, da dieser Ausgang zu schmal für ihn war. Nach dem zweiten Anlauf schaffte er es schließlich durch die handbreite Öffnung hindurchzuzwängen. Mit der Zeit hatte er schließlich überhaupt keine Probleme durch diesen Spalt zu schlüpfen. Auch wenn dieser nie breiter wurde.

Seminarteilnehmerin S. verlor die Orientierung und hatte Angst nicht mehr zurückzufinden. Diese Angst hinderte sie letztendlich daran die Zeit die ihr zur Verfügung stand, zu nutzen, um sich einen Eindruck über die Gegend zu verschaffen.

"...Beim Rückholsignal war ich in voller Panik. Alles war verschwunden. Der Tunneleingang, die Lichtung, der Berg. Doch dann ging alles sehr schnell. Wie in einem Sog wurde ich irgendwie zurückgezogen. Alles drehte sich. Ich war sehr schnell zurück. Aber ich war traurig, dass ich die Zeit in der UW nicht richtig habe nutzen können und mir war eine Zeit lang etwas schwindelig..."

Orientierungshilfen: Landkarten und Wegskizzen

Schon immer haben die Schamanen und Schamaninnen ihre Reiseerlebnisse bildlich darzustellen versucht. Meist finden sie diese Darstellungen an den Wänden prähistorischer Höhlen oder, ganz klassisch, auf den Schamanentrommeln. Leider haben viele dieser Trommeln (und ihre Besitzer) den übertriebenen Missionierungsdrang einer größeren Religionsgemeinschaft auf die ich nicht näher eingehen will, nicht überlebt. Aber noch finden wir auch außerhalb der Museen lebendige Zeugnisse schamanischen Wissens.

Auf den besagten Trommeln eröffnen sich dem Wissenden detailreiche Dokumentationen schamanischer Reisen. Immer wieder stoßen wir auf regelrechte Landkarten des Schamanischen Kosmos, mit all den Verbündeten welche die Schamanen dort konsultieren.

Auch wir können als Orientierungshilfe und vor allem als Dokumentation unserer Fortschritte eine Art Landkarte der UW anfertigen. Immer wieder werden wir sie erweitern und korrigieren. Sie ist Zeugnis unserer schamanischen Arbeit. Es empfiehlt sich eine Art neo-schamanisches Tagebuch zu führen in dem sich Irrtümer wie Erkenntnisse und eben jene von uns bereisten Landstriche schamanischer Realität befinden welche wir im Laufe der Zeit erkundet haben.

3. Die Reise zum Krafttier

Wie bereits erwähnt treffen wir in der UW auf unser *Krafttier,* unseren persönlichen Ratgeber in der Nichtalltäglichen (und später auch in der Alltäglichen) Wirklichkeit.

Ohne unser Krafttier sind wir in der Welt der Schamanen auf uns selbst gestellt, was uns Mühe machen wird und uns mitunter vor unlösbare Probleme stellen kann. Unser Krafttier, das auch unseren Vitalaspekt, also unseren physischen Zustand verkörpert, führt uns auf unser Bitten zu Orten in der UW die wir ohne Hilfe vielleicht nie finden würden. Mit unserem Krafttier schaffen wir Unglaubliches. Diese Verbündeten wissen genau was wir brauchen. Sie kennen unsere Nöte und Ängste. Und eben diese Ängste behindern uns in unserer Entscheidungsfähigkeit. Aber das Krafttier weiß Bescheid und bietet Lösungsmöglichkeiten für Probleme an, an die wir meist nicht denken.

Oft sind wir im Zweifel welche Entscheidung wir treffen sollen. Doch unsere Verbündeten helfen uns die richtige Entscheidung zu treffen. Allein das Umsetzten unseres Wissens können sie uns natürlich nicht abnehmen. Obwohl wir die Krafttiere um Hilfe bitten können, so sind sie doch bestrebt uns zur *Eigenverantwortlichkeit* zu erziehen. Denn Eigenverantwortung bedeutet persönliche Freiheit! Egal wie die Antworten auf unsere Fragen lauten mögen, seien wir bereit dem Rat unserer weisen Verbündeten zu folgen! Mich haben sie 1998 zu meinem Lehrer, einem Schamanen der Shuar-Indianer in die Regenwälder Ecuadors geführt um dort als Heilerschamane initiiert zu werden. Hätte ich nicht auf sie gehört...

Je intensiver der Kontakt zum Krafttier besteht, desto mehr profitieren wir davon. Abgesehen davon einen weisen Ratgeber an unserer Seite zu wissen erlangen wir nach und nach wieder Zugang zu unseren animalischen Instinkten. Wir „wittern" die Gefahr schon lange bevor ein Unglück geschieht und können entsprechend reagieren. Unsere Sinne werden schärfer, wir werden aufnahmefähig für die Botschaften des Universums, der Natur und ihrer Spirits. Das hilft uns auch die Probleme des Alltäglichen besser zu bewältigen, und wir lernen zur richtigen Zeit am richtigen Ort zu sein.

Welche Tiere sind Krafttiere?

Alle Tiere mit Ausnahme domestizierter Haustiere wie z.B. Hunde oder Katzen, Rinder und Hühner können zu unseren Verbündeten werden. Die Wildformen der Haustiere, wie etwa Wolf oder Bison, Wildkatze, Auerhahn usw. können ebenfalls als Krafttiere in Erscheinung treten. Weiters keine Krafttiere sind Insekten, sie gelten als „Hilfsgeister" was uns an dieser Stelle aber nicht weiter zu interessieren braucht. Aber sogar Fabelwesen wie Drachen können

Krafttiere sein. Nur unsere phantasielose Gesellschaft hat sich darauf geeinigt diese Wesenheit in das Reich der Mythen und Märchen zu verbannen.

Alle Möglichkeiten sind offen

Egal welche Zu- oder Abneigung man zu einer bestimmten Tiergattung empfindet. Wir haben keinen Einfluss darauf zu welcher Art unser Krafttier gehört. Seien wir offen für alles, nur so gehen wir staunend in diese neue Welt. Und gerade die Fähigkeit zu staunen ist eine der Voraussetzungen für beeindruckende Erlebnisse in der schamanischen Welt.

Wenn wir uns gegen ein Krafttier sträuben vergeben wir uns eine Chance. Wir müssen erst den Kontakt herstellen und einander kennen lernen. So wird ein Tier mit dem man zu Beginn seiner Erfahrungen so gar nicht kann, mit der Zeit zu einem Ratgeber und Freund, den man nicht mehr missen möchte. All jene, die panische Angst vor Spinnen haben seinen beruhigt, Spinnen gehören zu den Insekten, Insekten sind keine Krafttiere, also bitte keine Angst.

Der Widerspruch, das Dilemma und ein möglicher Ausweg

Kurz mal überlegt: Wir finden unser Krafttier im Rahmen unseres sicheren Wohnzimmers, bei behaglichen 21° Celsius, sicher und beschützt, ein weiches Polster unter dem Kopf, Flauschdecke unterm Rücken, Samstagabend, nach der Tagesschau, bereit unserem Krafttier zu begegnen. Zur selben Zeit versucht ein Mitglied eines indigenen Volkes, also ein Indianer unserer Vorstellung nach, sein Krafttier zu finden. Aufgewachsen in einem schamanischen Weltbild (nicht neo-schamanisch), im absoluten Bewusstsein dass beseelte Natur und Krafttier real sind, unabdingbar für ein gesundes und glückliches (Über-) Leben im Regenwald oder der Steppe macht sich dieser Mensch nun durch Schwitzhüttenzeremonie und Fasten gereinigt, begleitet von den Gebeten der Schamanen und der Stammesangehörigen auf den Weg. Drei Nächte wird er auf dem heiligen Hügel verbringen und seine Gebete sprechen, wird Rauchopfer bringen und, wenn es sein soll, seinem Krafttier, seinem Verbündeten begegnen.

Kann dann das was wir hier Samstagabend veranstalten mehr sein als nur esoterischer Zeitvertreib? Ja, kann es. Weil unsere Einstellung dazu wichtig ist. Weil du selbst deinem Tun jene Tiefe zu geben im Stande bist welche dafür maßgeblich ist, was geschehen wird. Natürlich ist es anders. Zwei Welten, zwei Realitäten, aber auch die berühren sich irgendwo, und genau da setzen wir an. Der Ausweg? Hingabe, Aufrichtigkeit, Tiefe, Disziplin, das Abwenden von der Oberflächlichkeit des Alltages. Oder einfach das tun wozu man im Stande ist: Sich rituell reinigen, das ist möglich, ob Indianer oder nicht, ob Jäger oder Computerfachmann, Installateur oder Fischer. Auch fasten könnte man. Oder gar in die Natur gehen. Ja vielleicht sogar mal allen Mut zusammennehmen, zu fasten, sich zu reinigen, und eine Nacht in der Natur verbringen, und zu beten oder darum zu bitten dass man geführt wird und einem das Geschenk des Krafttieres zu Teil wird. Der Ausweg aus dem Dilemma: Spirituelle Authentizität über individuelles Tun!

Das Krafttier erkennen

Denke einfach, handle impulsiv, sei aktiv und einfallsreich, gut vorbereitet und respektvoll! Zweifel ergeben sich immer daraus dass du die Basis nicht beherrschst!

Es gibt mehrere Möglichkeiten sein Krafttier zu erkennen. Wichtig hierbei ist ein gewisses Maß an Menschenverstand

Erste Möglichkeit

Das Tier kommt auf dich zu.

Deine Reaktion ?

Richtig, frage ob es dein Krafttier ist.

Sagt es ja, alles bestens.

Das Krafttier sagt nein.

Deine Reaktion ?

Bitte das Tier es möge dich zu deinem Krafttier führen. Oder,

bitte das Tier, es möge dein Krafttier zu dir bringen.

Zweite Möglichkeit

Das Tier kommt auf dich zu:

Reaktion wie oben.

Das Tier spricht nicht, macht aber Zuneigungsbezeugungen

(Ablecken, anschmiegen, anspringen, auch gefressen werden ist als positiv zu werten.)

Dritte Möglichkeit

Du nimmst vier Seiten oder Aspekte eines Tieres wahr. Eine Sichtweise die sich in der Esoterikszene breitgemacht hat, welche mir persönlich aber zu vage erscheint.

Z.B. Ein Fuchs läuft auf dich zu, dann siehst du ihn von links, dann von rechts und zum Schluss hast du das Gefühl sein Fell zu spüren.

Dies geschieht eher selten, sei aber trotzdem hier erwähnt.

Vierte Möglichkeit

Das Krafttier wird dir von jemandem der die Technik der Schamanenreise beherrscht(!) übertragen. (diese Technik wird später noch beschrieben)

Bei allen Möglichkeiten gilt: Behandle das Tier mit Respekt, es sind keine Schmusetiere!

Sein persönliches Krafttier finden

(nur nach entsprechender Vorbereitung und nur wenn man die Basis beherrscht, ansonsten bleiben immer Zweifel!)

Das Thema der Reise in die UW lautet: Ich mache eine Reise in die untere Welt um mein Krafttier zu treffen.

Auftrag: Reise in die UW und triff dich dort mit deinem Krafttier. Gehe bei dieser ersten Begegnung mit den Spirits besonders respektvoll in die andere Welt. Versuche dein Krafttier so umfassend wie möglich zu erfahren. Bitte darum es berühren zu dürfen. Nimm seinen Geruch wahr, präge Dir alle Einzelheiten ein.

Wenn das Rückholsignal erklingt bitte dein Krafttier dass es von nun an bei dir bleiben möge und verabschiede dich von ihm. Komm zurück und nimm dir einige Minuten Zeit ein Gefühl für dein Tier zu bekommen. Koste das Glücksgefühl, welches die meisten empfinden, voll aus. Wenn du willst kannst du versuchen dein Tier im Tanz (zu Begleitung von Trommel und Rassel) nachzuahmen. Damit nimmst Du die Kraft und die Eigenschaften des Tiers (der Tiergattung) an. Der Krafttiertanz ist die Verbindung zwischen dem Krafttier und dir.

Das Krafttier ist NICHT zu interpretieren. Es existiert. Obwohl es auch die Eigenschaften der Tiergattung der es angehört verkörpert ist es kein Symbol für was auch immer. Es ist ein kraftvolles und mächtiges Wesen aus der Welt der Spirits.

Begegne dem Krafttier immer mit allem nötigen Respekt, dann wird eure erste Begegnung zu einer lange währenden Freundschaft!

Die Reise

(H= Helfer)

1. Führe Punkt 1 - 3 aus (Check In)
2. Nimm drei tiefe Atemzüge und entspanne dich
3. H. Suche deinen Platz auf
4. Gehe zum Eingang und rufe dir Deinen Auftrag ins Gedächtnis
   (Ich mache eine Reise in die UW um mein Krafttier zu treffen...)
5. H. du hast fünfzehn Minuten Zeit
6. H. Die Reise beginnt
   nach fünfzehn Minuten Rückholsignal usw.

Der Helfer lässt dem Reisenden natürlich noch gute fünf bis zehn Minuten Zeit sich mit seinem Erlebnis auseinanderzusetzen. Erst dann bittet er um die Erzählung.

Auftretende Schwierigkeiten und Lösungsvorschläge

Wie so oft sind die meisten Probleme auf den Überraschungsmoment zurückzuführen. Stumm und staunend stehen wir vor unserem Krafttier und bringen keinen Ton heraus. Eine völlig normale Reaktion die aber auch zeigt, dass wir das Staunen doch nicht verlernt haben.

Und wieder sind es die einfachsten Lösungen die am meisten bewirken. Aber gerade die Aha-Erlebnisse sind es die uns am meisten dazulernen lassen!

Einige Beispiele

Seminarteilnehmer F. stand seinem Krafttier gegenüber, vergaß aber völlig es zu fragen ob es denn sein Krafttier sei oder nicht.

"...Ich war so überrascht von der Nähe die ich zu diesem Tier spürte, dass ich völlig auf das Sprechen vergessen habe. Die Situation war schön und keineswegs hatte ich das Gefühl bedroht zu werden. Obwohl keinen Meter vor mir ein riesiger Wolf stand und mich taxierte. Dann kam er ganz nahe und berührte mich mit seinem Körper. Ich habe den Druck und die Kraft des Tieres wirklich gespürt! Obwohl wir kein Wort gewechselt haben war ich mir nach der Reise völlig sicher dass dieser Wolf mein Krafttier ist. Ich habe viel Zuneigung und Stärke gespürt. Und ich hatte noch lange diesen animalischen Geruch in meiner Nase, bzw. konnte ihn an meinem Körper, meiner Kleidung wahrnehmen..."

Auch über das Gefühl der Zuneigung können wir erkennen ob es sich um unser Krafttier handelt.

Seminarteilnehmerin S. hatte zuallererst Kontakt mit einem Tier, einem Reh, welches aber nicht ihr Krafttier war:

"...Erst war ich enttäuscht und verunsichert. Ich hatte mir doch so gewünscht meinem Krafttier zu begegnen. Schon immer hatte ich eine besondere Beziehung zu den Bisons, überhaupt hatte es mir die Indianische Kultur angetan. Nichts war da, kein Bison, kein freundlicher Indianer der mir weiterhelfen würde. Das Reh ist nur dagestanden und hat auf irgendwas gewartet. Da habe ich mir gedacht ich kann ja mal fragen. Plötzlich war ich auf dem Rücken des Rehs. Wir flogen über Wiesen und auch über Wasser. Dann machte es Halt. Ich stand wieder neben ihm und aus einem kleinen Wäldchen vor mir preschte ein riesiger, wunderschöner Hirsch auf mich zu. Ich hatte erst Angst und wollte ausweichen. Er war wirklich riesig. Dann bin ich aber stehen geblieben und er ist einfach durch mich durch gerannt. Ich habe den Hirsch überall in mir gespürt, noch lange danach. Plötzlich ist er dann neben mir gestanden und ich habe mich an seine Flanke gelehnt. Wir haben lange gesprochen und er hat mir in einer wichtigen Frage geholfen. Ich habe in diesem Moment kein bisschen an einen Bison oder Indianer gedacht. Das Erlebnis war sehr schön. Es hat mir Kraft gegeben, und viel Vertrauen in mich selbst. Ich fühle ihn immer in meiner Nähe..."

Ich selbst hatte wohl das intensivste Erlebnis mit meinem Krafttier als ich bei einem Schamanen der Shuar - Indianer in den Regenwäldern Ecuadors an einem Ayahuasca Ritual, in dem mir schamanische Kraft und die „tsentsak" übertragen wurden, teilnehmen durfte:

.... Dann gewinnt die Schwerkraft Herrschaft über mich. Eine ungeheure Kraft zieht mich nach unten, auf den Boden. Auf den Boden des Regenwaldes, in den sich der gestampfte Lehm der Hütte verwandelt hat. Ich bin Tier, bin Pflanze, bin lebendiger Regenwald. Alle animalischen Anteile in meiner Entwicklungsgeschichte als Mensch kommen zum Vorschein. Die animalischen Instinkte tief in meinem Hirnstamm, vor Jahrmillionen dort deponiert, und im Laufe der Evolution vergessen und überholt drängen an die Oberfläche meines Bewusstseins. Tierlaute entringen sich meiner Kehle, meine Gesichtsmuskulatur scheint einem anderen Wesen in mir zu gehorchen. Brüllend und fauchend verwandele ich mich in einen Bewohner des Regenwaldes. Aus der Dunkelheit, der Schwärze vor mir kommt etwas auf mich zu. Erst nur ein Gefühl, dann physische Realität. Die Wildkatze setzt zum Sprung an, zeigt die

Raubtierzähne, die messerscharfen Krallen blitzen auf, das schwarze Fell glänzt, ich erwarte das Ende, den Aufprall, die ungeheure Muskelenergie des Pumas. Doch der Schmerz, der Aufschlag bleibt aus. Keine Knochen splittern, keine Fänge bohren sich in mein Fleisch.

Die Wildkatze dringt in mich ein, verbindet sich mit mir. Ich glaube zu zerbersten, schreie, stöhne, brülle. Alles vermischt sich, tierisches und menschliches Gewebe wird eins. Dann folgt Stille. In mir und um mich Dunkelheit. Plötzlich flackert ein Lichtschein auf, Muster, Bilder einer Dschungelwelt vor meinen Katzenaugen. Ich jage durch den Regenwald, geduckt, lautlos, unsichtbar. Alles zieht schnell an mir vorbei. Die Wurzeln, Farne, Lianen. Dann wieder Dunkelheit, neuerlich ein Lichtblitz, ich wirble herum, hetze einen Wasserlauf entlang, den Kopf nahe dem Boden, dann einen Hügel hinauf. Nichts macht mir Mühe, keine Anstrengung, kein Durst, kein Hunger, nur der Rausch der Geschwindigkeit des nächtlichen Jägers. Ich fühle mein Herz schnell schlagen, kein Menschenherz, jedes Geräusch nehmen meine Ohren wahr, ich bin eine Masse aus Muskeln, Reflexen und Instinkten. Wieder das grelle Licht, diesmal von weit hinter mir, alles bewegt sich zurück, ich werde zurückgezogen in einem Strudel aus Zeit und Raum. Ich entwickle mich zurück, verliere Fell und Krallen, bin wieder nackt und ungeschützt, verwundbar, Mensch...

(aus: „Auf den Spuren des Geisterjaguars- Schamanische Erfahrungen bei den Shuar Indianern in den Regenwäldern Ecuadors" 2006 Veth-Verlag)

Seminarteilnehmer G.

"...Ich hatte schreckliche Angst meinem Krafttier nicht zu begegnen. Als ich in die UW kam sah ich kein Tier. Aber ich fühle die Anwesenheit von etwas über mir. Auf einmal wurde ich hochgehoben. Etwas hatte mich an meinen Schultern gepackt und zog mich nach oben. Ich flog lange Zeit über eine Landschaft die ich nicht kannte. Dann landeten wir auf einer kleinen Lichtung mit wunderschönen Blumen. Ich war so fasziniert von den Blumen dass ich auf mein Krafttier völlig vergessen habe. Beim Rückholsignal hat mich dann wieder etwas an der Schulter gepackt und wir flogen zurück zum Tunnel. Bevor ich in den Tunnel ging habe ich mich umgedreht und einige Meter entfernt von mir eine weiße Eule gesehen. Sie hat zu mir geschaut und ist dann fortgeflogen. Ich glaube, dass diese Eule mein Krafttier ist. Bei weiteren Reisen ich dann intensiven Kontakt zu ihr gehabt. Aber sie spricht nicht mit mir. Sie zeigt mir die Gegend und wenn ich Fragen habe bringt Sie mich auch zu anderen Tieren die mir Ratschläge geben..."

Jemand über @mail

"...dann habe ich die CD eingelegt und richtig laut abgespielt, ... und dann ist da ein Wolf gestanden, aber ich weiß jetzt nicht ob der mein Krafttier ist oder nicht, kann ich mir ja auch eingebildet haben, weil ich Wölfe generell mag, habe mich aber auch nicht wirklich vorbereitet..."

Für den ersten Kontakt mit dem Krafttier gilt

Sei bereit für Überraschungen!

Kommuniziere!

Habe Respekt!

Sei dir bewusst dass schon der erste Kontakt zu deinem Krafttier viel in deinem Leben verändern kann!

Für alle weiteren Reisen sind die Krafttiere unentbehrliche Helfer. Sie ebnen uns den Weg und führen uns durch die Nichtalltägliche Wirklichkeit. Sie wissen wohin wir uns wenden müssen, kennen die schamanische Welt sozusagen wie ihre Westentasche. Sie sind die Führer welche die geheimen Pfade des schamanischen Wissens kennen. Sie geben uns Ratschlag und machen uns auf Fehler aufmerksam, sie führen uns sicher durch den "Dschungel Leben" und helfen uns bei unserer Entwicklung sofern wir bereit sind ihrem Ratschlag zu vertrauen und entsprechende Eigenleistung erbringen.

4. Die Obere Welt (OW)

Reisen in die OW führen, logischerweise, nach oben. Wieder starten wir von dem Platz in der Natur, den wir für unsere Tunnelreisen benutzen und bereits bestens visualisieren und wahrnehmen können. Diesmal jedoch führt der Weg nach oben nicht durch einen Tunnel, sondern z.B. entlang eines Baumes. Wieder steht uns die Phantasie zur Verfügung und hilft uns diesen Ort zu erreichen.

Klassisch ist der Aufstieg in die OW entlang eines Baumes, oder im Rauch eines Feuers das man am Startort entzündet. Praktisch denkende Menschen und Techniker benützen Aufzüge, Leitern oder Raketen um in die OW zu gelangen. Jeder wie er will, aber ich bin doch der Ansicht man sollte versuchen der natürlicheren Methode den Vorzug zu geben. Gegenüber dem Beginn unserer Reisen in den Tunnel und die UW haben wir nun einen entscheidenden Vorteil: Unser Krafttier wird uns helfen den Weg in die OW zu finden. So rufen wir zu Beginn unserer Reise das Krafttier an den Startplatz unserer Erkundungsreise. Meist wird es uns bereits erwarten.

Wir brauchen es dann nur zu bitten, dass es uns in die OW bringen möge. Mit dem Krafttier lässt sich ein Baum leichter erklettern...

In der OW finden wir die *Persönlichkeit des Lehrers*. Meist von menschenähnlicher Gestalt kann er aber durchaus andere Formen annehmen. Oft erscheint er als gesichtslose Gestalt mit Umhang, oft auch als undefinierbare Form, als Licht, Kugel usw. So individuell jeder Mensch ist, so individuell ist die Erscheinungsform des Lehrers und ebenso unterschiedlich seine Persönlichkeit. Es wäre ratsam sich von esoterischen Licht-und-Liebe-Vorstellungen zu verabschieden. *Was selbst wirklicher Neo-Schamanismus nicht ist: sanft.*

Seine Aufgaben sind anderer Natur als die der Krafttiere. Auch seine Methoden. Erhalten wir von den Krafttieren meist Vorschläge zu Problemlösungen Alltägliches betreffend, so fährt der Lehrer mitunter schweres Geschütz auf um uns auf den rechten Weg zu bringen. Seine Behandlungen sind im wahrsten Sinn des Wortes ganzheitlicher Natur. Vorerst aber geht es uns rein um den ersten Kontakt zum Lehrer. Auf seine Methoden der Behandlung gehe ich in Kapitel acht dieses Buches genauer ein.

Der Lehrer arbeitet, anders als die Krafttiere, oft auch mit Symbolen welche aber funktionell sind, das heisst etwas in uns mehr oder weniger heftig bewegen. Er benutzt die Symbole unseres Unterbewusstseins, also jene Bildsprache in der unser Geist programmiert worden ist. Sind seine Botschaften für uns hie und da unverständlich und geheimnisvoll, so sind sie für unser Unbewusstes völlig klare Anweisungen welche uns aber wiederum im Traum bewusst gemacht werden können.

Es ist vor allem der Lehrer der uns mystische Erfahrungen ermöglicht und uns in die Geheimnisse des Universums einführt. Aber, wie bereits zu Anfang dieses Buches erwähnt, hat seine vordergründig rein spirituelle Arbeit auch eine materielle, körperliche Ebene. Somit zählen Behandlungen durch den Lehrer zu den umfassendsten und wirkungsvollsten und mitunter unangenehmsten Methoden.

Körperliche Gesundheit und spirituelles Wachstum gehen Hand in Hand und schließen einander nicht aus. Die Einheit von Körper, Geist und Seele ist es was uns zu denkenden, fühlenden und hoffentlich richtig handelnden Geschöpfen macht.

Den Lehrer aufzusuchen, ihm zu begegnen heißt auch offen zu sein für alles was er mit uns vorhat. Diese Begegnung kann mitunter heftig, ja erschütternd im positiven Sinn sein. Wie bei der Begegnung mit dem Krafttier kann sich schon zu Beginn unserer Kontakte in die Welt der Schamanen vieles in unserem Leben ändern. Mit unserer Bereitschaft diese ko-existenten Welten aufzusuchen kommt auch der oft erstarrte Fluss des Lebens wieder in Bewegung und treibt uns mitunter auch durch stürmische See an nie zuvor gesehene Ufer voller Möglichkeiten und Chancen.

Der Lehrer ist eine reale Persönlichkeit die, gleich wie die Krafttiere, keinesfalls zu interpretieren ist. Hat man die persönliche Erfahrung gemacht, ist man dem Lehrer begegnet stellt sich auch meist nicht mehr die Frage des „Wieso". Egal in welche Schublade wir unsere Erfahrung auch zu pressen versuchen, nichts kann unser Erlebnis verändern. Der Lehrer ist weder das „Über-Ich" noch ist er Synonym für das kollektive Unbewusste. Begnügen wir uns damit seine Existenz, seine (meta-) physische Realität anzuerkennen. So sind wir offen für seine Botschaften und empfänglich für die Hilfe die er uns gewährt.

Die erste Reise in die OW

Die beste Voraussetzung für eine Reise in die Obere Welt um dem persönlichen Lehrer zu begegnen ist dass wir unser Krafttier bereits kennen und eine tiefe Verbindung zu ihm aufgebaut haben. Es führt uns , geht uns voran. Ohne Krafttier ist es jedoch auch möglich dem Lehrer zu begegnen wenngleich es für die meisten Menschen sehr schwierig ist sich ohne Führer in der Oberen Welt zu Recht zu finden.

Das Thema der Reise lautet: Ich mache eine Reise in die OW um meinen persönlichen Lehrer zu treffen...

Dein Auftrag: Reise entlang eines Baumes oder im Rauch eines Feuers (Lift, Leiter, Berg usw.) in die Obere Welt. Bitte dein Krafttier dich in die OW zu führen. Übernimm die Fähigkeiten deines Krafttieres um dorthin zu gelangen (z.B. fliegen, klettern...). Lass dich nicht von der Andersartigkeit der OW verwirren. Suche deinen Lehrer. Lass dich dabei von deinem Krafttier führen.

Wenn Du den Lehrer triffst stelle Dich vor und bitte ihn für Dich da zu sein. Behandle den Lehrer mit Respekt! Sei offen für alles was geschieht. Gib dich hin wenn du aufgefordert wirst. Lass geschehen was geschehen soll. Es gibt auch Zeiten der Passivität. Zulassen ist die Devise.

Beim Rückholsignal verabschiede dich von ihm und bitte ihn auch in Zukunft für Dich da zu sein.

Komm zurück und verabschiede dich am Platz in der Natur von deinem Krafttier. Sein dankbar! Der Rückweg aus der OW kann mitunter sehr kurz, wie ein Sturz sein. Das ist OK, Du findest immer irgendwie zurück.

Führe alle Punkte aus die zur Vorbereitung gehören.

Vergiss nicht deinen Auftrag zu formulieren.

Die Reise sollte zu Beginn zehn bis fünfzehn Minuten betragen.

Erzähle alles detailliert nach deiner Rückkehr deinem Trommelhelfer. Lass dir genug Zeit alles zu verdauen das du erlebt hast.

Auftretende Schwierigkeiten und Lösungsvorschläge

Erstes und größtes Problem ist es meist sich in der OW zurechtzufinden. Wir dürfen nicht auf unsere Krafttiere vergessen, die uns führen.

Aber schon beim Aufstieg kann es zu einem Problem kommen: Irgendwann stoßen wir auf eine Barriere. Sie fühlt sich oft wie dünnes, weißes Papier an. Die Lösung ist einfach: Mit dem Finger ein Loch hineingebohrt und durchgeschlüpft!

Weiters kann es schwer fallen den Lehrer als solchen zu erkennen. Wenn er nicht spricht oder optisch zu wage ist um ihn genau zu erkennen (was meistens nicht möglich ist) vertraue man auf den Rat des Krafttieres.

Die OW kann mitunter recht verwirrend sein. Aber mit der Zeit lernen wir auch diese Welt kennen und haben später meist keine Probleme mehr uns in ihr zurechtzufinden.

Einige Beispiele

Seminarteilnehmer F.:

"...Erst hatte ich keine Chance (über den Baum) nach oben zu kommen. Ich hatte das Klettern verlernt. Mein Krafttier hat mir dann einen regelrechten Tritt in den Hintern gegeben. Da bin ich förmlich nach oben geschossen. Aber als ich oben war stand ich im Nebel und habe null gesehen. Von irgendwo kam so ein metallisches Geräusch, dem bin ich nachgegangen. Später habe ich dann mein Krafttier neben und vor mir gesehen. Den Lehrer habe ich zu Anfang gar nicht als solchen erkannt. Er war irgendwie unsichtbar und doch nicht. Ich kann das gar nicht so recht beschreiben. Dann hat er aber zu mir gesprochen und in dem Moment habe ich ihn auch gesehen. Aber er hatte gar kein Gesicht, nur ein Leuchten war da. Ich wollte ihn gerade bitten für mich da zu sein, da war schon das Rückholsignal und wir mussten wieder nach unten.

Beim zweiten Mal hat es dann besser geklappt..."

Seminarteilnehmerin S.:

"...hatte eine heftige Begegnung mit dem Lehrer die mit einer Radikalbehandlung gekoppelt war (s. Kap. 8):

Rauf (über den Baum, eine Eiche) bin ich sofort gekommen. Mein Krafttier hat da fleissig angeschoben. Dann war alles weiß und ich hab nichts sehen können. Plötzlich steht vor mir so eine Gestalt mit Kapuze, aber ohne Gesicht. Die Gestalt hat mich dann gepackt und rumgewirbelt. Ich habe gar nichts sagen können, so erschrocken war ich.

...dann war die Behandlung vorbei und ich bin zurück an den Ausgangspunkt gestürzt. Ich hab gezittert und mir war ganz schwindlig. Erst danach habe ich begriffen wofür die Behandlung gut war. Ich habe da viel gelernt.."

Für Reisen zum Lehrer gilt

Sei bereit auch Behandlungen die vielleicht unangenehm sind über dich ergehen zu lassen.

Achte auf Symbole die dir der Lehrer vielleicht zeigt.

Nur der Lehrer allein entscheidet was gut für dich ist und welche Art der Behandlung du nötig hast.

Gerade Begegnungen mit dem Lehrer sind Chancen spirituell zu wachsen.

Keine Behandlung ist nur spirituell, keine Behandlung ist nur physisch !

Wenn du die Botschaft deines Lehrers nicht verstehen solltest, lass sie dir von deinem Krafttier „übersetzen". Niemand sonst hat das Recht die Aussagen des Lehrers zu interpretieren.

Übungen

1. Grundübung. (Punkte 1- usw.)

Trainiere Entspannungs- und Visualisationstechniken.

2. Besuche öfters deinen Platz in der Natur von dem aus du deine Reisen unternimmst. (Auch in der Alltäglichen Wirklichkeit)

3. Verbinde dich mit deinem Krafttier (Tiertanz)

4. Praktiziere Erdungsübungen (visualisiere Wurzeln die an Deinem Rückgrat in die Erde wurzeln). Auch bestimmte Yoga Techniken sind hilfreich.

5. Versuche einen rituellen Rahmen zu finden der Dir bestmögliche Startbedingungen für schamanische Reisen schafft. (z.B. das Rufen mit der Krafttiere mit der Rassel, das Räuchern mit Salbei usw.)

6. Halte dich nicht zu sklavisch an Vorschläge aus der Literatur. Versuche ein Gefühl dafür zu bekommen was richtig ist und was nicht. Vertraue deinem Gefühl. Sei experimentierfreudig.

7. Vertraue auf die Führung durch dein Krafttier und den Lehrer.

Kapitel IV
Die Praxis beginnt

1. Wozu wir in diese Welten reisen

Nie besuchen wir die schamanische Welt ohne Grund. (vgl. schamanische Disziplin) Wir sollten uns stets im Klaren darüber sein, dass wir mit jeder schamanischen Reise eine Chance zur Veränderung haben.

Neo-schamanische Methoden sind, wie bereits erwähnt, zur Flucht aus der Alltäglichen Wirklichkeit gänzlich ungeeignet. Schamanisch zu reisen bedeutet zu arbeiten. Entweder arbeiten wir an uns, oder wir leisen die Arbeit um anderen zu helfen.

Natürlich ist der Grund die schamanische Welt zu bereisen um diese kennen zu lernen durchaus legitim. Zumindest dann, wenn dieser Wunsch einem inneren Drang entspringt und nicht der Langeweile die wir vielleicht empfinden mögen. Ein Besuch in der NAW aus Langeweile währe gegenüber den Wesenheiten die sie bewohnen respektlos.

2. Problemstellung und Frage

Vor jeder Reise gilt es die Frage zu finden aufgrund derer wir die Verbündeten aufzusuchen gedenken. Dies ist oft gar nicht so einfach. Denn so vielfältig unsere Probleme auch sind, so entstehen sie meist aus nur einer Ursache. diese aufzuspüren ist mitunter recht schwierig.

Allem voran steht die Frage: Wo bin ich? Gerade als Neuling ist es von Vorteil diese Frage vorab zu klären.

Den eigenen Standort zu kennen, zu wissen wo man sich befindet schafft Klarheit und ein gewisses Maß an innerer Ruhe die wir benötigen um uns voll und ganz auf unsere Vision zu konzentrieren oder um uns neu zu orientieren.

3. Kreisbahnensystem -
eine Technik der Standortbestimmung

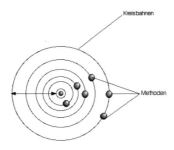

Wir setzen nun bewusst unser rationales Denken ein. Immerhin ist unsere Ratio ein geniales Werkzeug, sofern wir dieses richtig zu verwenden wissen. Diese Methode soll uns aufzeigen wo wir uns befinden, welche Veränderungen wir durchgemacht haben, in welche Richtung wir uns bewegen.

Ausgehend vom Prinzip der Mitte und den Kreisbahnen die diese Mitte umgeben schaffen wir eine Art Landkarte unserer Lebenssituation.

Für diese Technik benötigen wir: Ein paar Bogen Papier, Buntstifte, Ehrlichkeit und Mut.

Der erste Schritt besteht darin in die Mitte eines Blattes einen Punkt zu setzen.

Nennen wir ihn die Mitte. Dann definieren wir diesen Begriff.

Mitte: Natur, eigene Mitte, Ruhe, Frieden, Ausgeglichenheit, Gott, Einfachheit, Unbenennbarkeit, Unsagbarkeit, Gefühl, usw.

Der zweite Schritt besteht darin um diese Mitte fünf bis sieben Kreisbahnen in gleichem Abstand zu ziehen. Dies sind die Bahnen auf denen wir uns im alltäglichen Leben bewegen.

Beim nächsten Schritt einigen wir uns auf ein Thema. Im folgenden Beispiel - Heilung-. Nun zeichnen wir alle Heilungsmethoden die wir kennen auf den Kreisbahnen ein. Aber Vorsicht. Die folgenden Kriterien entscheiden darüber wie nahe oder fern diese Methoden der Mitte sind:

Zur Mitte hin wird, gefolgert aus unserer Definition der Mitte, alles
natürlicher
unbenennbar
unvorhersagbar
unbeweisbar
einfacher

unerklärbar
individueller
usw.

Von der Mitte weg, also nach draußen in die Peripherie wird alles zum Gegenteil.

Also:
unnatürlich (künstlich)
artikuliert
genormt
nachvollziehbar
beweisbar
erklärbar
komplizierter
usw.

Kreisbahnensystem

Aufgrund dieser Kriterien zeichnen wir nun unsere Heilmethoden ein. Da wird die Akupunktur vermutlich näher der Mitte sein als die Schulmedizin, die Psychiatrie weiter von der Mitte entfernt sein als Schamanismus, Phytotherapie (Pflanzenheilkunde) näher der Mitte als Medikamententherapie (natürlich-künstlich). Dies stellt jedoch kein Bewertungssystem im Sinne von gut-schlecht dar.

Wenn wir ein Thema beendet haben kommt das nächste an die Reihe. Jedem ist überlassen welchem Thema er sich annimmt. Von Seminaren die man besucht hat bis hin zu Bücher die man gelesen hat oder noch lesen will. Bis hin zu Menschen die man kennt kann man so ziemlich alles auf diese Kreisbahnen übertragen.

Natürlich strebt man die Mitte an, der Mitte zu. Die Methode zeigt am Ende wo man die meisten Treffer hat. In Relation zurzeit gesetzt lassen sich so auch Entwicklungen ablesen. Habe ich mich in diesem Jahr von der Mitte fortbewegt oder bin ich ihr näher gekommen.

Ein Beispiel. Bei der Flut von angebotenen Seminaren schwanke ich zwischen drei Angeboten. Ich nehme die Technik der Kreisbahnen zur Hilfe und versuche aus der Seminarbeschreibung abzuleiten auf welcher Kreisbahn sich das Seminar wohl bewegen wird, also wie nahe es vermutlich der Mitte sein wird.

Findet sich das Seminar außerhalb der Kreisbahn auf der ich mich zurzeit befinde, also eher in Richtung Peripherie (weil kompliziert, künstlich,...), wird es mich eher nicht weiter zur Mitte führen. Ein anders Angebot befindet sich vielleicht noch eine Kreisbahn näher zur Mitte, als die auf der ich mich befinde. Ergo...

Ebenfalls hilft diese Methode Menschen kennen zu lernen. Bin ich auf der Suche nach Menschen die sich für Dinge interessieren welche auf meiner Kreisbahn liegen (z.b. Schamanismus), dann werde ich potentielle Partner oder gar Seelenverwandte eher auf meiner Kreisbahn finden als auf einer die in der Peripherie des Modells liegt.

Um sich neu zu orientieren ist es unumgänglich zuerst seine eigene Position festzustellen. Sonst verirrt man sich und findet nirgendwo hin. Aber der Mensch scheut im Allgemeinen diese Positionsfeststellung. Man will für gewöhnlich nicht wissen, dass man sich eventuell verirrt hat. Unangenehm ist das, da verdrängt man lieber und macht weiter wie bisher. Aber allein das Erkennen der Tatsache, dass man sich verirrt hat, ermöglicht die dringende Neuorientierung. Die Richtung mag ja sogar stimmen aber de Weg ist ganz einfach der Falsche. So geraten wir immer weiter in die immer komplizierter werdende Peripherie unseres Kreisbahnensystems. Künstlichkeit und Normierung gewinnen immer mehr Raum in unserem Leben. Dabei wollten wir ja ganz woanders hin: in unsere Mitte!

Dann sich neu orientieren, auch wenn das mal unangenehm ist! Aber das geht vorüber und ist nur ein geringer Preis den man für die Möglichkeit aus der Stagnation ausbrechen zu können letztlich gerne bezahlt.

4. Vergangenheit, Verdrängung und geistige Revolution

Nun betreten wir eine hoch sensible Zone. Wir sind im Begriff die letzte Verteidigungslinie unseres unterbewussten Selbstschutzprogrammes zu lahm zu legen. Dieses Selbstschutzprogramm ist keinesfalls ein notwendiger urzeitlicher Instinkt, sondern im Bereich von Prägung und Erziehung anzusiedeln und ähnelt eher einem Computervirus als einem Hilfsprogramm das uns nur Gutes will. Dieses Selbstschutzprogramm hindert uns schlicht und einfach daran der Wahrheit ins Gesicht zu schauen und unterstützt jegliche Form der Verdrängung. Wir haben uns dran gewöhnt, das ist das Problem.

Es ist immer das gleiche Muster: kaum haben wir die Chance zur Veränderung, finden wir einen Grund uns nicht verändern zu müssen.

"...Ich weiß, dass ich mich ändern muss, aber..."

oder

"...ich kann mein Wissen nicht umsetzen. Irgendetwas in meiner Vergangenheit hindert mich daran diesen Schritt zu tun..."

Immer wieder gerne benützt wird der folgende Selbstschutz:

"...ich bräuchte nur diesen Schritt zu tun, habe auch gar keine Angst, aber ich habe karmisch(!) noch soviel aufzuarbeiten..."

Kaum haben wir die Chance zur Veränderung, nehmen wir Reißaus. Es muss schließlich einen Grund für das was wir letztlich als persönliches Versagen werten geben. Und bevor wir uns lange diesem Leidensdruck des eigenen Unvermögens aussetzen suchen wir nach Gründen. Meist hindert uns das Umfeld daran das zu tun was nötig ist, oder wir suchen uns mit einer ach so schweren Kindheit vor der Verantwortung zu drücken. Und wenn gar nichts mehr geht muss sicher ein Vorleben die Schuld an unserem Versagen haben. Reiner Selbstschutz, Selbstbetrug, Bequemlichkeit und mitunter schlicht und einfach Feigheit vor dem Feind der nur wir selber sind.

Natürlich gibt es Belastungen die noch aus der Vergangenheit auf uns einwirken. Aber all zu oft schützen wir uns mit einer oft nur konstruierten Vergangenheit vor dem Hier und Jetzt und dessen Herausforderungen, bemühen längst Vergangenes als Verantwortlichen an dem man nun ja nichts mehr zu ändern im Stande ist. Was Not tut ist eine geistige Revolution. Aber dieser Umbruch findet nicht oder nur im Ansatz statt weil uns die Energie dazu fehlt. Die Krafttiere können uns darauf aufmerksam machen was schief läuft, sie unterstützen uns in unserem Tun, aber die Verantwortung bleibt immer bei uns, weil sie nichts anderes bedeutet als persönliche Freiheit.

5. Die Vergangenheit kostet Energie

Wie ein *Treibanker* hält uns unsere Vergangenheit auf dem immer gleichen Kurs. Gleichzeitig bremst sie uns. Wir brauchen viel Energie um weiterzukommen. Und jene Energiemenge, die unsere Vergangenheit beansprucht, fehlt uns zum Durchsetzen von Entscheidungen im Jetzt.

Wenn wir eine oberflächlich betrachtet negative Erfahrung machen, kann es mitunter passieren, dass diese aktuelle Erfahrung zufällig eine ähnliche Energiesignatur wie ein Erlebnis in der Vergangenheit aufweist. Nun wird die aktuelle Situation auch noch zum Auslöser eines Erinnerungsprozesses, der mehr oder weniger unbewusst abläuft. Wir empfinden die aktuelle Situation als negativ und durch die Erinnerung an eine energetisch ähnliche Situation in unserer Vergangenheit, addieren wir zum aktuellen Schmerz auch noch den „Erinnerungsschmerz" von damals.

Hätten wir aber das damalige Erlebnis schon integriert, würde unsere aktuelle Situation nichts aus der Vergangenheit ins Jetzt spiegeln.

Noch dazu hätten wir mehr Energie für die Lösung und Bewältigung des Problems zur Verfügung.

Also: Letztlich ist alles Energie und eine Frage von Quantität und Qualität derselben ob wir etwas zu ändern im Stande sind oder eben nicht.

Diese Energie hängt zum Teil in der Vergangenheit fest.

Die Vergangenheit kostet uns Energie indem wir sie wie einen Klotz am Bein mit uns schleifen.

Wir rufen unbewusst Muster ab die wir im aktuell zu einer bestimmten Situation emotional durchleben.

Wir projizieren Vergangenheit ins Hier und Jetzt bzw. in die Zukunft, als negative Erwartung oder Angst.

Diese Energie aus der Vergangenheit fehlt uns im Hier und Jetzt.

Sie ist verunreinigt durch die negative Emotion die mit dem Erlebten erzeugt wurde

Es ist notwendig die Vergangenheit zu integrieren

Und die Energie daraus gereinigt wieder zu gewinnen damit sie uns im Hier und Jetzt zur Verfügung steht.

Auch für das schamanische Reisen benötigen wir wie für jedes aktive Tun Energie. Daher ist es wichtig sich mit seiner Vergangenheit intensiv auseinanderzusetzen und zu versuchen alte Erlebnisse und Erinnerungen zu integrieren. Wenn diese Auseinandersetzung jedoch eine rein geistige bleibt, ohne entsprechende Konsequenz, hat sich letztlich nichts verändert. Man hat die Zusammenhänge erkannt, das war alles, energetisch geschieht so gut wie nichts. Wir brauchen eine aktive Umsetzung, Integration. Eine Technik auf die wir später noch zu sprechen kommen. Aber Vorsicht! Auch Ereignisse, die wir abgeschlossen glauben (also verdrängt haben) sind oft nicht wirklich integriert! Wir haben sie nur versteckt, aber die energetische Verbindung ist nach wie vor existent und kostet Energie.

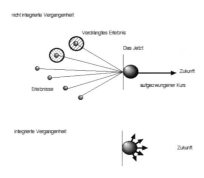

Kapitel V
Die Praxis der Schamanischen Lebenshilfe

1. Die Frage formulieren

Das Formulieren der Frage stellt viele Menschen vor Probleme. "...ja, worum geht`s denn eigentlich...", "...was will ich denn überhaupt wissen..." usw.

Beim Formulieren der Frage kommt schon einiges in Bewegung. Wir setzen uns am Besten ganz rational mit unserem Problem auseinander und suchen nach dem kleinsten gemeinsamen Nenner. Also Reduktion auf das Wesentliche.

Oft stehen wir derart unter Druck, dass es uns schwer fällt klar zu denken. Oder wir betrügen uns selbst und formulieren die Frage so geschickt, in der Hoffnung genau jene Antwort zu erhalten die uns am besten in den Kram passt.

Aber auch die Hilfe von Freunden oder dem Partner hilft da nur wenig. Denn hier wird dann interpretiert was das Zeug hält. Noch einmal: INTERPRETIEREN IST VERBOTEN! Jeder muss seine Fragen selbst formulieren. Die einzige Hilfe die man anbieten kann ist dem Fragesteller, eigentlich Fragesucher furchtbar auf den Nerv zu gehen. Das heisst immer wieder nachzuhaken ob die Frage noch kürzer und prägnanter formulierter ist. Und ob es wirklich die eine, wichtige Frage ist die den Frager beschäftigt. Die berühmten „Ja/Nein" - Fragen scheiden aus.

Als kleine Hilfestellung hier ein paar ganz allgemeine Vorschläge zur richtigen Fragestellung an das Krafttier:

Was kann ich tun um...?

Wie kann ich meine Situation verbessern...?

Wie soll ich mich in Bezug auf...verhalten?

Wie kann ich eine Entscheidung herbeiführen...? usw.

Fragen die so beginnen führen zu brauchbaren Antworten und helfen uns beim Disziplinieren unserer Ratio.

> **Wieder gilt:**
>
> *Wenn ich von vorne herein weiß, dass ich die Antwort meines Kraft-tieres in Fragte stellen werde oder seine Anweisungen nicht befolgen werde, hat sich die ganze Fragerei erübrigt.*

Wenn ich das Krafttier um seinen Rat bitte, tue ich dies mit Respekt und der festen Absicht mich an den Ratschlag zu halten.

Allein mein ganz persönlicher Ratgeber ist in der Lage zu erkennen was ich brauche, oder welche Entscheidungen zu treffen für mich wichtig sind.

Stelle keine banalen Fragen. Fordere nicht sondern bitte darum. Nimm den Ratschlag dankbar an und vertraue auf die Weisheit der Spirits.

2. Der Trichter

Wenn wir die Frage richtig formulieren und dem Ratschlag unserer Kraft-tiere voll vertrauen dann wird es oft eng. Wir begeben uns bewusst in einen "Trichter", setzten uns bewusst dem Druck aus etwas umsetzen zu müssen. Es gibt kein Versuchen, es gibt nur ein Tun. Halbherziges Handeln bringt, wenn überhaupt, halbe Lösungen und die funktionieren nicht wirklich.

Durch die Formulierung der Frage schwimmen wir dem engen Teil des Trichters entgegen. Dort wo der Druck am größten, der Weg zurück zu be-schwerlich ist finden wir auch Energien die uns vorwärts drängen, uns anschie-ben, oder uns auch, wenn nötig, einen Tritt in den Allerwertesten verpassen. Der "point of no return" sollte erreicht werden. So gesehen führen wir die Krise aus der sich erst ein Quantensprung ergibt selbst herbei, noch bevor das Leben diese Krise erzeugt, was es ja muss um uns zu korrigieren. Wir suchen den Druck selber zu erzeugen oder begeben uns zumindest in eine Zone in der er existent ist. Auch das ist persönliche Freiheit und Eigenverantwortung.

Dieser Druck den wir verspüren ist die Energie des Lebens an sich. Wir entscheiden in welcher Form sie uns berührt. Wandeln wir sie, so wie es unsere Gesellschaft fordert in Angst um, dann werden wir flüchten. Wir werden den Ratschlag unserer Verbündeten nicht befolgen. Wir werden so lange hin und her interpretieren, bis die Antwort verfälscht und wirkungslos ist. Wir ergrei-fen die Flucht.

Verwandeln wir aber mit Hilfe unserer Verbündeten den Druck, also die Angst in Aufmerksamkeit, dann werden wir offen für neue Wege und erkennen die Chance die sich uns bietet. Dieses Umwandeln will gelernt sein. Auch hier macht die Übung den Meister. Und welches bessere Trainingsgelände gäbe es als den täglichen Kampf in der alltäglichen Wirklichkeit? Hier bieten sich täglich Möglichkeiten zur Umwandlung von Angst. Werden wir zu planlosen Flüchtenden oder verwandeln wir uns in den aufmerksamen Jäger? Wir haben die Wahl. Eine der wenigen Möglichkeiten im Leben wo wir wählen können und unsere Entscheidung massive Veränderungen nach sich zieht.

Sind wir Jäger oder Beute, Flüchtende oder Entdecker, Träumer oder Geträumte? Im Trichter, nahe der Mitte, treffen wir Entscheidungen die vieles ändern können. In unserem spirituellen Leben ebenso, wie im alltäglichen Leben. Wobei die Grenzen, falls sie überhaupt existieren, fließend sind.

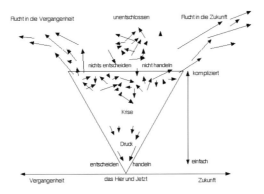

Reisebericht 1

Seminarteilnehmer F.:

"...Diesmal war ich sehr schnell bei meinem Krafttier. Es hat schon am Platz von dem aus ich starte auf mich gewartet. Aber wir sind dann doch in die UW gegangen. ...Ich habe dann eine Frage gestellt und auf eine Antwort gewartet. Aber mein Krafttier hat nur den Kopf geschüttelt und ich habe das Gefühl gehabt dass es mich auslacht. Ich habe meine Frage noch einmal wiederholt, aber das Ergebnis war das gleiche. Dann habe ich begriffen dass meine Frage falsch war. Ich habe diese Frage vorgeschoben um die eigentliche Frage nicht stellen zu müssen. Denn ich glaube, dass ich Angst vor der Antwort habe..."

Alles hängt von der richtigen Frage ab. Die Spirits lassen sich nicht täuschen, und sie lassen es auch nicht zu, dass wir uns selbst täuschen!

Ehrlichkeit und Aufrichtigkeit sind hier gefordert. Wir sind angehalten unsere Frage zu überprüfen und zu kontrollieren ob wir nicht eine Frage vorschieben deren Antwort wir bereits kennen. Eine Antwort die nichts zu ändern vermag, aber uns vor der richtigen Frage und der daraus resultierenden, alles verändernden Antwort schützt.

Reisebericht 2

Seminarteilnehmerin S.:

"...Und dann hat mein Krafttier begonnen Kreise um mich zu ziehen. Ich war schon ganz schwindlig und habe fast auf meine Frage vergessen. Dann ist mein Tier vor mir gestanden und hat gefragt was ich eigentlich wissen will. Ich habe dann die Frage gestellt. Mein Krafttier hat sich kurz von mir abgewendet und ich habe schon befürchtet dass es mich verlässt. Aber dann hat es sich zu mir gedreht und irgendwie gelächelt. Das war so beruhigend und liebevoll! Die Antwort war ganz klar. Ich werde den Rat meines Krafttieres auch sicher befolgen und ich bin mir sicher, dass sich dann vieles ändern wird..."

Das Gefühl der Sicherheit und Geborgenheit hilft uns oft die erhaltene Antwort leichter anzunehmen. Nicht alle Antworten sind angenehm. Denn sie können tiefe Einschnitte in unserem alltäglichen Leben bedeuten. Aber das Vertrauen in unsere Ratgeber hilft uns die Antworten richtig umzusetzen. Vertrauen ist die Grundlage jeder Frage.

Reisebericht 3

S. berichtet folgendes:

"...Als ich in die Untere Welt komme sehe ich, wie der Bär auf mich zukommt und mich von oben bis unten mit seinen Krallen aufschlitzt! Es trifft mich etwas unerwartet, weil ich doch vor kurzer Zeit so gut mit ihm stand... Aber dann erkenne ich worum es geht und der Bär beruhigt mich und versichert mir dass er es gut mit mir meint...Ich werde von ihm aufgefressen und als ich in seinem Magen lande wird mir alles klar. Ich stecke meine Arme in seine Vorderbeine, meine Beine in seine Hinterbeine und meinen Kopf in den seinen.

Dann sehe ich durch die Augen des Bären, rieche und fühle wie er. Ich bin die Bärin. Noch nie zuvor habe ich mich in mein Krafttier verwandelt, mich mit ihm so stark verbunden gefühlt. Ich sehe es als gutes Zeichen für das Kommende. Ich habe viel Kraft und Mut und bin in meinem Vorhaben bestärkt..."

Manchmal greifen unsere Verbündeten zu brachialen Methoden um uns auf den richtigen Weg zu bringen. Jeder erhält seine ihm angemessene Antwort. Oft auch in einer, anfänglich, etwas schwer verdaulichen Form. Wieder ist es unser anerzogener Verhaltensrahmen der uns daran hindert auch ein heftiges Erlebnis als positiv zu sehen. Oft wird uns erst im Nachhinein klar was eigentlich geschehen ist.

Dieser innige Kontakt zum Krafttier, die Vermischung mit ihm ist eines der aufregendsten und schönsten Erlebnisse in der schamanischen Welt. Es ist eine Gunst, die uns das Krafttier von Zeit zu Zeit gewährt. Dieses Erlebnis ist ein Geschenk, dessen Wert nicht hoch genug bewertet werden kann

3. Vorbereitung und Durchführung

Je intensiver die Vorbereitung, desto besser das Ergebnis. Gerade bei Fragen an unsere Verbündeten begeben wir uns bewusst in den vorhin erwähnten Trichter. Wir setzen uns einer Zwangslage aus, einer Situation die uns am Ende nur die eine Wahl lässt. Nämlich die erhaltene Antwort in die Tat umzusetzen oder nicht.

4. Der rituelle Rahmen

Vor Beginn der Reise lohnt es sich einen rituellen Rahmen einzuhalten. Natürlich hat jeder die Freiheit diesen Rahmen nach seinen Ideen zu gestalten. Aber er sollte gewisse Elemente beinhalten.

1. Sorge für Ruhe und störungsfreies Arbeiten.

2. Reise nicht im Bett, oder wenn du müde bist (Bett verbinden wir automatisch mit Schlaf)

3. Räuchere mit Salbei oder einer Räuchermischung deiner   W a h l . Meide jedoch zu „geistige" Düfte wie z.B. Weihrauch. Verwende eher „erdige" Räuchermittel. (Wurzeln, Rinde, Copal...)

4. Verwende zum Reisen immer dieselbe Decke, das selbe Tuch um die Augen abzudecken.

5. Rassle in alle vier Himmelsrichtungen um deine Krafttiere zu rufen. Lass dich von deinem Trommelhelfer berasseln (den ganzen Körper, vom Kopf beginnend) und berassle dann deinen Helfer. Wenn du allein arbeitest, rassle mindestens fünf Minuten im Raum.

6. Arbeite mit gedämpftem Licht, eine Kerze genügt.

Hilfestellung bei Reiseproblemen

... jede Kette ist so stark wie ihr schwächstes Glied...

Niemand würde sich ein teures Auto kaufen und dann bei der Bereifung sparen. Genauso ist die Vorbereitung für unsere Neo-Schamanenreisen wichtig. Wenn einer der Punkte nur halbherzig ausgeführt wird kann dies die ganze Reise in Frage stellen.

Alle Punkte sind gleich wichtig. Die Wahl der Frage, der rituelle Rahmen, das Erzählen nach der Reise und schließlich das Umsetzen der erhaltenen Antwort.

Wenn wir genügend Übung im schamanischen Reisen gesammelt haben ist das richtige Stellen der Frage wohl das größte Problem das sich uns stellen kann. Wie bereits erwähnt ist das Finden der Frage mitunter eine Heidenarbeit.

Wenn wir keine Antwort erhalten, das Krafttier sich abwendet oder uns gar auslacht kann das nur eines bedeuten: Die Frage war nicht wirklich wichtig für uns. Reiten wir dennoch auf der falschen Frage herum, und versuchen wir etwa das Krafttier zu einer Antwort zu drängen kann es leicht geschehen dass unser Ratgeber sauer reagiert, und sich bei den nächsten Reisen einfach nicht mehr blicken lässt. Was tun? Ganz einfach, warten. Und das nächste Mal mit allem nötigen Respekt und vor allem einer wirklich wichtigen Frage auftauchen!

Wenn die Antwort nicht verbal erfolgt so sollte man auf die Symbolik die sich hinter dem Verhalten des Krafttieres verbirgt achten. Interessant ist in diesem Zusammenhang, dass die Bildsprache der sich das Krafttier bedient auch die Sprache unserer Seele und unseres Unterbewusstseins ist. So ist die Nachricht des Krafttieres für unseren Intellekt zwar nur über die unsichere Brücke der Deutung erreichbar, aber unsere Seele versteht die Botschaft garantiert. Gerade bei Fragen die unsere Seele, also ein seelisches Problem betreffen umgeht das Krafttier die Umleitung über unsere Ratio und steuert direkt den betroffenen Bereich, die Seele an. Antwort und Problemlösung verschmelzen, es kommen sofort heilsame Prozesse in Bewegung.

Kapitel VI
Krankheit und Heilung in schamanischer Sicht

1. Gefangen im Wasserglas der Realität

Die AW (alltägliche Wirklichkeit) bietet eine ganze Fülle von Krankheiten und Krankheitsursachen. Ebenso vielfältig sind die Therapiemöglichkeiten. Fast hat es den Anschein als ob irgendjemand zugleich Krankheiten und Therapien entwickelt. Fraglich ist ob zuerst eine Therapie entwickelt wird und dann die passende Krankheit geschaffen wird oder umgekehrt. Und dann ist da noch das weite Feld der psychosomatischen Erkrankungen.

Wir schaffen uns unsere Realität selbst oder anders gesagt wir einigen uns auf eine Realität die für alle passen soll. Aber indem wir bestimmen was real ist und was nicht, bestimmen wir auch die Möglichkeit oder Unmöglichkeit der Behandlung einer Krankheit. Unsere Gesellschaft einigt sich auf die Werkzeuge mit denen wir einer Krankheit zu Leibe rücken. Aber mit diesem Erschaffen von Realität engen wir auch unsere Möglichkeiten enorm ein. Sobald wir zwischen einer Erkrankung und einer Behandlungsmethode keinen kausalen Zusammenhang erkennen können werden wir die Behandlung ablehnen oder sie ins Reich der Scharlatanerie verbannen.

Wir haben uns Grenzen gesetzt und damit auch unsere Möglichkeiten eingeschränkt. Wir treiben in einem selbst geschaffenen Wasserglas. Zwar können wir mit etwas Anstrengung die für uns unüberwindbare Wand aus Glas um uns erreichen, wir können mit etwas Mut und viel Überwindung sogar tief in das Glas, in unsere Gesellschaft hinein tauchen, doch alle Möglichkeiten die außerhalb des gläsernen Gefängnisses liegen bleiben für die meisten unerreichbar.

Natürlich ist diese Wand aus Glas mehr oder weniger durchsichtig. Aber sogar wenn sie uns einen Blick in die das Glas umgebende, echte Realität gewährt, ist dieser Blick getrübt oder verzerrt.

Die Gesellschaft weiß von Schamanen und deren Methoden, sogar die Wissenschaft ist informiert und versorgt die sensationslüsterne Masse mit entsprechendem Material. Aber dieses Wissen hat nichts mit persönlicher Erfahrung zu tun. Dieses Wissen ist Theorie nicht Praxis, ist getrübte Wahrnehmung durch das Glas unseres Exils.

Gott hat das Paradies nicht zerstört, er hat Adam und Eva nur daraus vertrieben. Und er hat sie in ein Wasserglas verbannt das wir Realität nennen. Aber die Chance dieses Paradies zu besuchen, die hat er uns gegeben. Die Entscheidung diese Chance zu nutzen liegt bei uns selbst.

Die Realität des Wasserglases...

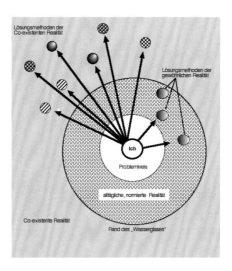

Mit schamanischen Methoden, der schamanischen Reise, verlassen wir dieses Wasserglas und begeben uns auf die Suche nach anderen Methoden um auf den Weg der Heilung zu gelangen.

Spiritualität und Körperlichkeit sind hierbei keine unvereinbaren Gegensätze. Wir behandeln den Menschen als *Einheit*. Als Einheit von Körper, Geist und Seele. Jedes Bemühen eines dieser Elemente zu verleugnen ist selbstzerstörerisch und kontraproduktiv. Nur in der Einheit sind wir ganz, zumindest solange wir auf dieser Erde wandeln.

Obwohl auch dem Schamanen die Komplexität einer Erkrankung bewusst ist, so sind wir dennoch bemüht einen kleinsten gemeinsamen Nenner zu finden. Auch beim Thema Krankheit und Heilung begeben wir uns in den eingangs erwähnten Trichter. Und wieder sind Angst und Schmerz die treibenden Energien die es umzuwandeln gilt. In Aufmerksamkeit ebenso wie in heilsame Lebensenergie die alles durchfließt und belebt.

Die Einfachheit in der Betrachtung einer Krankheit ist weder das Unvermögen sie als komplexen Vorgang erfassen zu können, noch ist dies Ausdruck einer Flucht in die Simplifikation oder Verharmlosung.

Aber die Praxis und zwar die Praxis über einen Zeitraum von mehreren zehntausend Jahren, hat folgendes gezeigt:

Nur wenige Dinge sind meist für das Entstehen einer Krankheit aus schamanischer Sicht verantwortlich.

Dazu kommen sämtliche Folgeerscheinungen die das Gesamtbild der Erkrankung ausmachen.

2. Krankheitsauslöser allgemein

„...Was fehlt dir?..." schon in dieser Formulierung, die wir oft gebrauchen, ist ein gutes Stück an Logik enthalten.

Einer der Hauptgründe für eine Erkrankung (psychisch wie physisch) ist das Fehlen bestimmter notwendiger Energien.

Schamanisch gesprochen manifestieren sich diese Energien in:

dem Krafttier

der Seele oder Seelenteilen

Eine weitere gerne gebrauchte Floskel ist die folgende: ...was hast du dir denn da geholt (aufgeschnappt), ... dich hat`s ja ganz schön erwischt!...

Wieder finden wir in der Formulierung wichtige Hinweise.

Es handelt sich um Energieformen, die in uns dringen, sich in unserem physischen Körper (auch im spirituellen Körper) festsetzen und dort Beschwerden verursachen.

Wir sprechen hier von so genannten Eindringlingen. Diese Energieformen sind weder gut noch böse, sie gehören nur ganz einfach nicht in unseren Körper.

Die Kombination aus diesen Möglichkeiten, und die Folgeerkrankungen daraus zeichnen das Bild des Erkrankten. Meist sind es chronische Erkrankungen, die lange Zeit unterdrückt und verdrängt worden sind.

Die Behandlungsmethoden sind denkbar einfach. Wenn auch nicht der Eindruck der Bagatellisierung entstehen soll, denn schamanisch zu Behandeln bedarf langer Praxis und Übung und ist genau genommen initiierten Schamanen vorbehalten. Auf das Thema Krankheit und Behandlung im Kontext des Schamanismus und Curanderismo gehe ich in einem anderen, weiter führenden Buch detailliert ein (siehe Anhang)

Prinzipiell lassen sich schamanische Behandlungsmethoden auf folgende einfache Formel bringen:

Was fehlt muss zurückgebracht, was zu viel ist muss entfernt werden.

Hier dringen wir, bis auf wenige Ausnahmen in Bereiche vor die der Oberliga der Schamanismus betreibenden Menschen vorbehalten sind.

Krankheit aus schamanischer Sicht und Gesundheit:

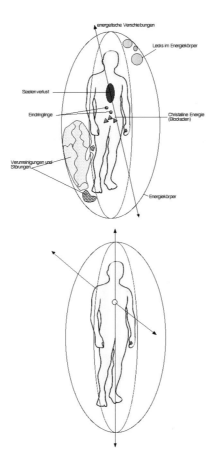

Das Krafttier fehlt

Wie wir bereits wissen ist das Krafttier auch der Vitalaspekt des Menschen. Nicht jeder weiß von seinem Krafttier und lebt trotzdem glücklich und gesund. Obwohl keine Ahnung von schamanischer Technik und schamanischem Kosmos leben auch diese Menschen oft sorgenfrei, sind vital und lebenslustig. Nicht jeder dem sein Krafttier fehlt hat dadurch größere Probleme. Allerdings kennt er auch nicht den Unterschied wie er sich fühlt wenn er sich seines Krafttieres bewusst ist und mit ihm zu kommunizieren versteht.

Andere wiederum sind anfälliger. Auch hier gilt, jeder Mensch ist verschieden, jeder Mensch reagiert anders, ist eben *individuell.*

Wenn wir von Krankheiten sprechen so schließen wir alles mit ein. Denn jede körperliche Erkrankung hat auch einen spirituellen Aspekt und umgekehrt. Wenn wir also uns aus dem vorhin zitierten Wasserglas in die schamanische Welt begeben um uns zum Beispiel dort behandeln zu lassen, so packen wir die Krankheit gleichsam von der spirituellen Seite an. Und aus der Verbindung von spiritueller und materieller Welt erklärt sich der körperliche Effekt den wir bei der Behandlung vielleicht empfinden werden.

Zurück zum Krafttier. Wenn das Krafttier fehlt sind die Symptome oft eindeutig: Müdigkeit, Abgeschlagenheit, keinerlei Ausdauer (auch psychisch schnell überlastet). Die „normalen" Instinkte sind noch mehr verkümmert, die Wahrnehmung getrübt. Alle körperlichen Symptome, die sich daraus ableiten lassen, sind hinlänglich bekannt. Verspannungen, Rückenschmerzen, Gelenksentzündungen, Muskelschwäche usw. usf... Aber natürlich können die Symptome dennoch auch andere Ursachen haben. Daher ist die "Diagnosenstellung" im neo-schamanischen oder schamanischen Kontext unabdingbar.

Natürlich hat das Krafttier eine gewisse Schutzfunktion. Fehlt es uns, so ist auch unser spirituelles Immunsystem geschwächt. Unser physisches Immunsystem ist daher ebenfalls geschwächt. Ganz zu schweigen von unserem Nervenkostüm.

Da das Immunsystem geschwächt ist sind wir angreifbar, verletzlich. So ganz ohne Schutz sind wir perfekte Opfer, nehmen jede Infektionskrankheit dankbar an, ebenso wie wir allen seelischen Müll den man sich an unserer Schulter von der Seele weint übernehmen.

Eindringlinge wittern ihre Chance sich in unserem physischen und auch spirituellen Körper einzuschleichen. So gesehen wird noch einmal eindrücklich klar weshalb das Krafttier so wichtig für uns ist.

3. Eindringlinge und materialisierte Negativenergie

Spätestens jetzt stellt sich dem Leser die Frage wie der Schamane einen solchen Eindringling erkennt. Vergessen wir nicht: wenn wir schamanisch behandeln oder behandelt werden befinden wir uns außerhalb der Beschränkung durch das Wasserglas. Wir befinden uns im schamanischen Bewusstseinszustand auf einer MW-Reise. Dem Schamanen zeigt sich der zu Behandelnde wie unter einem Röntgenschirm. Ich persönlich nehme die Eindringlinge meist als feine Knäuel roter Fäden wahr. Wir sind eben außerhalb unseres anerzogenen Denkrahmens, außerhalb der Realität die solches nie zulassen würde.

Weder gut noch böse können diese Eindringlinge mitunter auch körperliche Beschwerden verursachen, die in direktem Zusammenhang mit der Stelle an der sich der Eindringling eingenistet hat erkennbar sind. Oft sind es chronische Erkrankungen die auf einen Eindringling schließen lassen. Gewissheit gibt die schamanische Diagnose, das „Sehen" des Eindringlings. Und vor allem der Rat und die Hilfestellung durch die Krafttiere lassen eine genaue Diagnose zu. Ohne ihre Hilfe geht gar nichts. Dies soll hier noch einmal betont werden.

4. Wenn die Seele verloren geht

Der Seelenverlust ist wohl eine der folgenschwersten Ursachen einer Erkrankung. Die Erfahrung zeigt, dass die Seele ein eigenständiges Wesen ist. Zumindest besitzt sie ein gewisses Maß an Eigendynamik. Im Klartext heisst das nichts anderes, als dass sich bei einem traumatischen Erlebnis ein oder mehrere Seelenteile, oder auch die ganze Seele, in einer Schutzreaktion aus dem Körper zurückziehen und dann nicht mehr (oder nicht mehr ganz) zurückkommen können. Der Verlust eines oder mehrerer Seelenteile ist eine Angelegenheit die meist tief greifende Ereignisse im Leben nach sich zieht. Passiert dieser Seelenverlust in der Kindheit, oder gar bei der Geburt, so fehlt dem Betreffenden meist der Vergleich. Der Verlust des Seelenteiles bleibt unbemerkt. Man findet keine Ursache warum der Betroffene leidet.

Traumatische Erlebnisse

Unsere Zivilisation hat ein schier unerschöpfliches Lager an traumatischen Erlebnissen geschaffen. Die Ursachen für Seelenverluste sind klar definiert. Aber für die Heilung, für das Zurückbringen des Seelenteiles ist das Wissen über die Ursache nicht notwendig.

Hier eine kurze Auswahl traumatischer Erlebnisse die sicher noch weiter ausführbar wäre: (ich bin sicher es ist für jeden etwas dabei)

Geburtstraumata, jegliche Art von körperlicher Gewalt (auch Schläge im Kindesalter), sexueller Missbrauch, Vergewaltigung, Unfälle (welcher Art auch immer), Trennung vom Partner, Narkosen, Schockerlebnisse unterschiedlicher Art, usw.

Leider ist unsere Wasserglasgesellschaft nicht sensibel genug um einen Seelenverlust als solchen zu erkennen. In anderen Kulturen (vor allem in den primitiven !) ist der Umgang damit ein völlig anderer.

Nicht jedes Erlebnis muss zu einem Seelenverlust, nicht jede Operation, Trennung oder Schock zu einem traumatischen Erlebnis ausarten.

Von einem derartigen Erlebnis auf einen Seelenverlust zu schließen währe gleich sinnlos als sich wegen einer Verspannung im Rücken mit der Möglichkeit einer beginnenden Querschnittslähmung auseinanderzusetzen. Erst die schamanische Diagnose (und muss professionell sein) schafft Gewissheit.

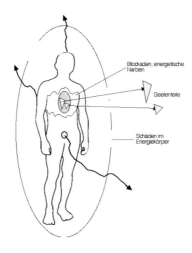

Gerade der Verlust eines Seelenteiles hat oft schwerwiegende Folgen.

Wie oft hat man folgende Sätze schon gehört:

"..seit er operiert worden ist , ist er nicht mehr derselbe Mensch..."

"..seit sich ihr Mann hat scheiden lassen kenne ich sie gar nicht mehr..."

"..letztes Jahr habe ich mich operieren lassen, alles ging gut, ich bin klinisch austherapiert, aber ich finde meine alte Form nicht wieder..."

Die Begleiterscheinungen eines Seelenverlustes sind vielfältig. Aus meiner eigenen Praxis bin ich auf die fast immer gleichen Symptome gestoßen, meist sogar in der folgenden Kombination:

Der Klient kommt wegen folgendem Problem zu mir:

Befindet sich lt. eigener Aussage in einem Art Schwebezustand. Nichts geht mehr. Fühlt sich schwach, unausgeglichen, denkt ständig nach, kommt dabei zu keinem Schluss. Hat schon so viel probiert (Bach Blüten, Akupunktur, Ausdruckstanz usw.)

Schamanische Diagnose:

Seelenverlust infolge eines traumatischen Erlebnisses in der Kindheit, das Krafttier fehlt (der Klient weiß nichts davon), Eindringlinge an verschiedenen Stellen des Körpers.

Folgeprobleme:

Miserable Erdung (elektrisiert sich ständig am Auto, dem Fernseher, dem Föhn usw.), alles spielt sich im Kopf ab, Dauerdenker, ständig kalte Extremitäten, Verspannungen im Nacken, Druckgefühl im Brustbereich, Atembeschwerden, ständig Erkältungskrankheiten, Schlaflosigkeit, kann Gefühle weder zeigen noch zulassen. Die Aura im Bereich des Sternum ist dunkel, der Klient ist im Brustbereich und Solarplexus blockiert, folglich kann der Energiestrom nicht richtig fließen.

Behandlung:

Reinigung und Ausgleichung (Erdung)
Krafttier holen
Extraktion (Herausziehen des Eindringlings)
Seelenrückholung
Integrationsarbeit

Ergebnis nach vier Sitzungen:

Der Klient fühlt sich stärker, ganzheitlicher, kann Aufgaben des täglichen Lebens wieder bewältigen. Verspannungen und Kälte in Armen und Beinen sind vergangen, die Fähigkeit aus dem Bauch heraus zu handeln ist wieder gut entwickelt. Der Klient möchte das schamanische Reisen erlernen. Weitere Sitzungen folgten.

5. Integration als erster Schritt zur Ganzheit

Erinnern wir uns an das Bild des „Treibankers" der uns auf dem Kurs hält und daran, dass uns die Erlebnisse in der Vergangenheit immer noch Energie kosten. Die Lösung des Problems liegt weder in der Verdrängung oder im Loslassen, noch liegt sie in der rationalen Aufarbeitung der Erlebnisse. Nur die Integration bringt die Erlebnisse der Vergangenheit (auch die traumatischen) dorthin wo sie uns als Erfahrung nützen. Die Erlebnisse werden in uns selbst integriert. Denn sie machen unter anderem aus was wir sind. Auch sie sind Bausteine unserer Persönlichkeit.

In dem Moment, da die Integration stattfindet geschehen zwei Dinge zur selben Zeit: Erstens bekommen wir die Energie zurück, die bisher ungenützt an das Erlebnis gekoppelt war, und zweitens können wir nunmehr dieses Erlebnis auch getrost vergessen. So nähern wir uns Schritt für Schritt, Erlebnis um Erlebnis einem Zustand an, der eigentlich ganz natürlich sein sollte. Wir erreichen einen Zustand relativer Ganzheit. Relativ deswegen, weil wir ja unser ganzes lernen auf der Suche sind. Auf der Suche nach uns selbst, nach Gott, der Mitte, wie auch immer.

Der Zustand der relativen Ganzheit ist ein Zustand welcher der Mitte sehr nahe ist. Er ist weder erklärbar noch beschreibbar. Dieser Zustand des Seins ist nur erfahrbar.

Haben wir dann auch die relative Mitte erreicht, so kommt vieles um uns in Bewegung. Probleme welche noch vor nicht allzu langer Zeit unüberwindbar schienen haben sich in Nichts aufgelöst. Die Menschen ändern sich, reagieren auf unseren veränderten Zustand mit Bewunderung, aber auch mit Ablehnung. Aber auch wenn unser Verhalten, das aus diesem mittigen Zustand entspringt, unverstanden bleiben sollte, so reagieren wir auch auf diesen Umstand gelassener. neue Menschen stoßen zu uns, wir wechseln Kreisbahnen auf denen wir lange gefangen waren.

Nun haben wir auch die Möglichkeit uns neu zu orientieren. Denn wir wissen wo wir sind und wer wir sind. Eine oft jahrelange Suche nach uns selbst hat einen Punkt erreicht an dem es wirklich spannend wird. Veränderungen stehen an, wir sind bereit die Chance der Wandlung zu nützen.

6. Angst ist Energie!

Bevor wir auf die Technik des schamanischen Integrierens eingehen ist es unumgänglich dass wir uns mit dem größten Hindernis auf unserem Weg auseinandersetzen, unserer Angst. Es stellt sich auch nicht die Frage von welcher speziellen Angst wir sprechen. Die Energie ist stets dieselbe. Egal ob Flugangst, Höhenangst, Existenzangst, der Angst vor Veränderung oder der Angst vor Stagnation. Es wir immer dieselbe Angst sein die uns scheitern lässt und uns ins Fahrwasser der Wasserglasmenschen zurücktreibt.

Prinzipiell ist Angst ein Instinkt. Der Körper schüttet Adrenalin aus. Wir sind bereit zum Angriff, oder zur Flucht. Unsere Wasserglasgesellschaft lehrt uns zu fliehen. Wir haben gelernt (es wurde uns anerzogen) dass es sehr wenige Möglichkeiten gibt wie wir diese Angstenergie, die an sich ja neutral ist, nützen.

Hierzu ein ziemlich unpazifistischer Vergleich:

Helden im Krieg erkennt man daran, dass sie die Einschusslöcher vorne haben, Feiglinge haben die Einschusslöcher im Rücken. Beide Gruppen reagieren auf die Angst. Die einen opfern sich, will sagen laufen wider dem natürlich angeborenen Selbsterhaltungstrieb in die feindlichen Linien und sterben. Die Feiglinge stürmen blind davon, egal was hinter ihrem Rücken geschieht. Das Ergebnis ist immer dasselbe. Sie sind tot. Natürlich mit dem Unterschied dass der Held löbliche Erwähnung findet und der Feigling als einfach gefallen gilt. Jener Soldat, der gelernt hat dass es noch eine andere Möglichkeit gibt die Angstenergie zu nützen wird schneller sein als der Feind, er wird überleben. Warum? *Er hat seine Angst (oft natürlich unbewusst) in Aufmerksamkeit umgewandelt.*

Der Schlüssel ist folglich die Umwandlung von Angst in Aufmerksamkeit. Eine einfache Formel die, richtig umgesetzt, einiges, wenn nicht sogar vieles bewirken kann.

Nochmals auf den Punkt gebracht:

Erkenne Deine Angst als eine Form von Energie

Entscheide wie Du diese Energie nutzen willst (Flucht, Panik oder Umwandlung..)

Verwandle deine Angstenergie in Aufmerksamkeit !

Nütze die Aufmerksamkeit um zu erkennen und zu handeln !

Haben wir die Angst in Aufmerksamkeit umgewandelt so durchbrechen wir automatisch das Gefängnis welches sie uns aufzwingt. Angst ist Energie, ein Instinkt. Wir haben nur verlernt ihn richtig zu gebrauchen.

Übungen um die Angst umzuwandeln
Übungen in der alltäglichen Wirklichkeit

Die Nacht im Wald

Gehen wir davon aus, dass uns die Vorstellung eine Nacht allein im Wald zu verbringen Angst macht. (was bei den meisten Menschen der Fall ist). Gehen wir weiters davon aus, dass das Schlimmste was einem im nächtlichen Wald begegnen kann der Schatten und die eigene Angst ist. (Triebtäter und Schwerverbrecher auf der Flucht ausgenommen) Als nächstes nehmen wir an, was meist der Fall sein wird, dass es in besagtem Wald keine wilden (also gefährliche) Tiere gibt (Rehe und Hasen gelten im Allgemeinen als harmlos, Schlangen sind selten, wir sind ja nicht im Amazonasdschungel...)

Für den ersten Schritt setzen wir uns nur in unserer Fantasie dieser Realität des nächtlichen Waldes aus. Wie reagieren wir, wie zeigt sich unsere Angst, neigen wir zur Panik, zur Flucht?

Der nächste Schritt besteht darin unseren Plan in die Realität umzusetzen. Wir sollten aber unsere Planung nicht von äußeren Umständen abhängig machen. So sollten der Stand des Mondes oder die Witterungsbedingungen nicht ausschlaggebend dafür sein uns unserer Angst zu stellen. Viel wichtiger ist die innere Bereitschaft, der richtige Zeitpunkt der aus uns entspringt. Vertrauen wir auf die Führung durch unsere Krafttiere. Planen wir aber trotzdem genügend Zeit ein und vor allem: Machen wir uns es nicht zu leicht. Die Nacht im Wald zu verbringen bedeutet mehr als sich in unmittelbarer Nähe des Autos aufzuhalten und beim ersten Anzeichen von Angst den Rückzug anzutreten. Dass wir uns der Hilfe unserer Krafttiere versichern ist natürlich Voraussetzung.

R. erzählt:

„...dann war ich bei einer Lichtung angelangt. Es war stockdunkel, nur der Mond hat ein wenig Licht gespendet. Ich habe immer das Gefühl gehabt beobachtet zu werden. ...Dann habe ich mich mitten in die Lichtung gesetzt und einfach nur gewartet was passiert. Meine Krafttiere habe ich natürlich gebeten mir zu helfen. ...Plötzlich bekam ich schreckliche Angst. Ich wollte wegrennen, hatte das Gefühl dass irgendetwas von allen Seiten aus der Dunkelheit auf mich zu rast. Ich war kurz davor aufzugeben. Da hab ich mich an meine Krafttiere erinnert und sie gebeten mich meine Angst in Aufmerksamkeit umwandeln zu lassen. Und plötzlich, als wie wenn jemand einen Schalter umgelegt hat, da bin ich ganz ruhig geworden. Ich habe erst eine Hitze in meinem Solarplexus gespürt, dann war die Hitze in meinem ganzen Körper. Und ich habe mich extrem stark gefühlt. Ich habe dann den Wald beobachtet, die Schatten im Mondlicht, die Bäume, das Moos. Ich habe den Wald noch nie so gesehen. Als ich dann wieder beim Auto war, habe ich festgestellt dass ich über vier Stunden im Wald gewesen bin...

Dieses Gefühl der Stärke und Aufmerksamkeit hat lange angehalten. Als es dann einmal nachgelassen hat, bin ich wieder in der Nacht in den Wald, danach war alles wieder gut...

Übungen

Verbringe viel Zeit in der Natur und beobachte genau deine Umgebung

Übe das Verwandeln der Angst in der Nacht im Wald

Übe das Verwandeln der Angst in Aufmerksamkeit in allen Angstsituationen im Alltag (täglich werden wir mit solchen Situationen konfrontiert).

Sei dir bewusst dass Angst ein Instinkt, eine Form von reiner Energie ist, und du entscheidest wie du diese Energie einsetzt!

7. Schamanische Integrationsarbeit

Das Ziel

In unserer Vergangenheit hängt Energie fest, die wir aber durchaus im Hier und Jetzt benötigen. Diese Energie freizusetzen, um sie dann entsprechend zu nutzen ist nur ein Ziel der schamanischen Integrationsarbeit. Das andere Ziel ist die Erlangung persönlicher Freiheit, also die Chance auf Situationen anders zu reagieren als bisher. Denn wir reagieren meist innerhalb eines Programms und dieses Programm wird auch durch Erlebnisse in unserer Vergangenheit festgelegt. Wie bereits erwähnt ist die Vergangenheit eine Art Treibanker, ein primitiver Autopilot der uns auf dem Kurs hält, egal ob dieser Kurs gut für uns ist oder nicht. So lange dieser Autopilot aktiviert ist haben wir kaum Chancen unsere eingefahrenen Geleise zu verlassen. Dies ist mit ein Grund weshalb wir immer wieder in ähnliche, traumatische Situationen geraten und wir das Gefühl haben immer wieder die selben Fehler zu machen, alles scheint sich zu wiederholen.

Dann spielen noch unsere mehr oder weniger erfolgreich verdrängten Traumata eine gewichtige Rolle. Denn, wie bereits erwähnt, rufen wir die mit ihnen verbundenen negativen Gefühle (Emotionen) auch in gegenwärtigen, ähnlichen Situationen ab und vervielfachen so unseren aktuellen Schmerz. Haben wir die Vergangenheit aber integriert so hat sie keine Macht mehr über uns und bestimmt nicht länger unser Handeln. Die integrierten Erlebnisse sind nunmehr Erfahrungen mit Wert und jene Erlebnisse die keinen Wert mehr für uns besitzen können getrost vergessen und aufgelöst werden. Somit reduziert sich auch die Anzahl unserer „Gespenster" die uns hin und wieder heimsuchen um uns in Depression und Verzweiflung zu stürzen.

Die Technik

Obwohl eher für Fortgeschrittene gedacht soll hier die Technik erläutert werden. Ich habe die Technik der Integration selbst entwickelt und sie hat sich im Rahmen meiner Behandlungen und Beratungen bewährt. Der interessierte Leser und vor allem der motivierte Praktiker wird nach der Lektüre des Buches auf diese Technik zurückgreifen können.

Prinzipiell ist die Technik der schamanischen Integration eine Reise in der Mittleren Welt, wobei dies aber nicht zwingend ist. Um die Technik erfolgreich anwenden zu können benötigen wir unbedingt unser Krafttier. Denn unser

Krafttier wird uns zu den Erlebnissen die es zu integrieren gilt führen. Weiters sollten wir schon eine gewisse Praxis im Umgang mit der schamanischen Welt besitzen, und speziell was die Mittlere Welt angeht einige Reiseerfahrung mitbringen. Letztlich bestimmt auch das rituelle Umfeld über Erfolg oder Misserfolg (s. Kap. XV).

Der Ablauf

Wir treffen alle Vorbereitungen für eine schamanische Reise und sorgen für ein entsprechendes rituelles Umfeld. Unser Auftrag lautet: Ich mache eine Reise zu einem Erlebnis in meiner Vergangenheit um dieses zu integrieren!

Dann versichern wir uns der Hilfe unseres Krafttieres. Es wird uns zu den Erlebnissen die es wert sind integriert zu werden führen.

Meist erleben wir eine Reise in der Mittleren Welt. Wir erfahren das Erlebnis neuerlich, aber diesmal eher als Beobachter denn als aktiver Part.

Es geschehen einige Dinge zur selben Zeit:

1. Erkennen wir Zusammenhänge, wir sehen die Situation von einem anderen Standpunkt aus.

2. Erfahren wir auch über die Gedanken und Beweggründe der beteiligten Personen.

3. Obwohl Beobachter, werden wir Empfindungen, die auch sehr intensiv sein können erleben.

4. Im Moment des Integrationsvorganges beginnt sich das Bild in dem wir uns befinden aufzulösen und gleichzeitig können wir im Bereich des Brustbeines ein intensives Gefühl (Hitze) verspüren. Dies ist die Energie die aus der Vergangenheit zurück zu uns fließt und somit nutzbar wird.

Wie viele Erlebnisse integrieren?

Ganz einfach: Fragen wir unser Krafttier, lassen wir uns von ihm leiten. Es führt uns schließlich auch zu Erlebnissen die wir lange Jahre mit Erfolg verdrängt haben!

Es hat sich bewährt diese Integrationsarbeit nicht alleine sondern im Beisein eines erfahrenen(!) Helfers durchzuführen. Denn das Integrieren seiner Vergangenheit kann fordernd und heftig sein. Da ist man gut beraten dafür zu sorgen dass man seine Gefühle dem Trommelhelfer, oder einer Person unseres Vertrauens mitteilen kann. Diese Arbeit wird immer wieder durchgeführt. Zumindest so oft es uns unsere Krafttiere raten.

Kapitel VII
Schamanische Behandlungsmethoden

1. Wer heilt hat Recht!

Dieses Prinzip sollte mehr Anerkennung finden, auch in der alltäglichen Wirklichkeit der Schulmedizin. Wir wissen noch wenig über die feinstofflichen Zusammenhänge zwischen Psyche und Gesundheit (oder Krankheit). Viele Krankheiten sind nicht richtig behandelbar, da zu viele Faktoren bestimmend sind. Auch im Bereich der Psychiatrie steht die Wissenschaft nicht selten vor unlösbaren Problemen. Notgedrungen müssen sich Medizin und Forschung auf die Bekämpfung der Symptome beschränken.

Schamanen behandeln meist mit in den Augen der „Zivillisierten" unorthodoxen Methoden. Da wir unsere Behandlungen außerhalb der Normalrealität des uns einschränkenden Wasserglases durchführen ist für den Außenstehenden oft kein kausaler Zusammenhang zwischen der Behandlungsmethode und dem Problem erkennbar. Viele der schamanischen Methoden sind innerhalb unserer aufgeklärten (?) Gesellschaft gar nicht durchführbar. Denn für den Schamanen gelten andere Gesetzmäßigkeiten als für den Beobachter. Kein „normaler" Bürger unserer hochtechnisierten Gesellschaft kann die Vorgänge bei zum Beispiel einer schamanischen Extraktion nachvollziehen. Bei einer Seelenrückholung steigen auch die aufgeschlossensten Exemplare der Gattung *Homo Sapiens Technicus* aus.

Der Grund: Der Betrachter verfolgt den Vorgang von *innerhalb* des Wasserglases und sämtliche Erklärungsmöglichkeiten die er heranzieht um mit dem Geschehen fertig zu werden versagen naturgemäß ihren Dienst. Nur eine Möglichkeit bleibt um das was vor sich geht verarbeiten zu können: Alles als Humbug, Nonsens, faulen Zauber abzutun. Falsche oder Möchtegernschamanen die dann, bunt gekleidet, federgeschmückt und Amulettbehangen in ebenso entbehrlichen Talkshows an den einfachsten Aufgaben kläglich scheitern tragen ihres dazu bei Schamanismus und Heilung mit schamanischen Methoden ins Scharlatanerie-Eck zu manövrieren. Aber selbst wenn das Ergebnis aber *für* den Behandler spricht wird das Erlebte oft verleugnet. Das ist eben bequemer als sich mit einem wesentlichen Mehr an Realität auseinandersetzen zu müssen was letztlich einiges an Konsequenz bedeuten würde.

Früher galt der Spruch „Wer heilt hat recht", heute ist diese Maxime leider um den Zusatz bereichert: „sofern es wissenschaftlich beweisbar ist!

Der einzige Beweis den der Schamane liefern kann ist das Ergebnis.

2. Das Krafttier zurückholen

Die einfachste Technik um jemandem zu mehr Kraft und Vitalenergie zu verhelfen ist die Technik des Krafttierholens. Diese Technik kann von jedem ausgeführt werden der Kontakt zu seinem eigenen Krafttier hat, und das schamanische Reisen (wirklich!) beherrscht. (sonst bleiben beständig Zweifel!) Jedoch muss diese Methode mit Vorsicht betrachtet werden. Sie wird als Standartmethode in einschlägigen Seminaren zu oberflächlich, zu allgemein vermittelt. Und vor allem wird meist darauf vergessen oder verzichtet (je nachdem was bequemer für den Seminarleiter ist) dem Teilnehmer zu vermitteln dass es *a. Schöner ist seinem Krafttier selber zu begegnen.* Und *b. Nicht so einfach ist das Krafttier des Gegenübers zu finden wenn man nicht eine gewisse Praxis und Festigkeit im schamanischen Reisen vorweisen kann.*

Dennoch sei hier diese Technik all jenen empfohlen die sich nach reiflicher Überlegung und Selbstprüfung dazu im Stande sehen jemandem, der dessen *selbst nicht fähig* ist, das Krafttier „zu bringen". (z.B. Kranke)

Die Vorbereitung ist dieselbe wie bei allen Reisen in die schamanische Welt. Das Reiseziel ist die Untere Welt.

Zum Ablauf

Der Sucher (derjenige der auf die Suche nach dem Krafttier für den anderen geht) ist der aktive Part. Der Klient liegt neben dem Sucher. Beide berühren sich an der Schulter und an den Fußknöcheln. Dies dient dazu einen engen Kontakt aufzubauen. So finden wir leichter das Krafttier des anderen. Der Sucher macht sich dann auf die Reise in die UW. Begleitet von seinem eigenen Krafttier versucht er das Krafttier des Klienten zu finden. Die Trommel kommt vom Band oder von einer dritten Person die als Trommelhelfer fungiert. Das Rückholsignal erübrigt sich, da der Sucher zurückkehrt sobald er das Krafttier gefunden hat.

Ist der Sucher erfolgreich, bittet er das gefundene Krafttier es auf den Klienten übertragen zu dürfen. Dann fasst er es mit den Händen und richtet sich auf. In diesem Moment hört der Trommelhelfer auf zu trommeln.

Der Sucher ist nun ganz im Bewusstsein das Krafttier des Klienten in seinen Armen zu halten. Er legt alle Aufmerksamkeit und Energie in den Augenblick des Übertragens. Ist er bereit beugt er sich über den Klienten und „bläst" mit aller Kraft das Krafttier erst in den Bereich des Brustbeines des Klienten. Dann setzt sich der Klient auf, und der Sucher bläst das Krafttier in das Scheitelchakra des Klienten. Nun teilt er dem Klienten leise mit welches Krafttier er gefunden hat und versucht die Gangart des Tieres auf dem Rücken des Klienten mit den Fingern / Händen nachzuahmen.

Der Klient hält die Augen geschlossen um ein Bild, ein Gefühl des Tieres zu bekommen. Anschließend kann er versuchen die Eigenschaften des Tieres in sich zu spüren und es, so er will, nachahmen zu versuchen. (Krafttiertanz)

Den Abschluss bildet das Erzählen, wie der Sucher das Krafttier gefunden hat.

Für das Krafttierholen gilt:

Lege dich nicht auf eine bestimmte Tiergattung fest.

Sei dir als Sucher deiner Verantwortung bewusst (!), aber setze dich nicht unter Druck.

Rufe deine eigenen Krafttiere zu Hilfe.

Lege alle Aufmerksamkeit und Kraft in das „Einblasen" des Krafttieres.

Lass dem Klienten genügend Zeit sich ein Bild von seinem Krafttier zu machen.

Erzähle dem Klienten im Detail wie du sein Krafttier gefunden hast.

Danke deinen Krafttieren für ihre Hilfe.

---

3. Die Reinigung im Schamanischen Kontext

Um eine Reise anzutreten sollten wir bemüht sein die bestmöglichen Rahmen- und Startbedingungen zu schaffen. Lassen wir zurück was uns unnötig belastet, reduzieren wir unser Gepäck auf das Nötigste.

Vieles das wir mit uns tragen behindert uns am Fortkommen. Nicht nur die bereits erwähnten Erlebnisse in unserer Vergangenheit sind damit gemeint, nein, auch in unserem Energiekörper sammeln sich Schlacken in Form von dunklen Flecken die mehr oder weniger stationär sind.

Diese Schlacken belasten sie uns. Als Ablagerungen behindern sie uns, auch wenn wir nicht mehr eruieren können wann und bei welcher Gelegenheit wir uns diesen Ballast zugelegt haben. Dieser Ballast ist ein Überbleibsel aus Erlebnissen, negativen Einflüssen von außen, Emotionen oder einfacher gesagt der Restmüll, der sich nicht ohne weiteres trennen und zuordnen lässt. Auch als Rohstoff ungeeignet hat sich dieser Müll unsere Aura als vorerst letzte Deponiestelle ausgesucht. Also ist Reinigung angesagt!

Natürlich spielt hierbei auch die grobe, also körperliche Reinigung eine Rolle. Je mehr wir diese mit dem nötigen Hintergrundwissen verknüpfen, sie quasi ritualisieren, desto mehr Einfluss hat sie auch auf unseren spirituellen Körper.

Aber allein mit Salzbädern, Räucherungen mit Salbei oder einfach einer gehörigen Portion guten Willens ist der Verschmutzung unserer Aura meist nicht beizukommen. Es bedarf anderer, schamanischer Methoden.

Wieder liegt die Lösung in der Einfachheit. So bewährt sich ein Blätterbüschel wie es die Shuar-Indianer im Regenwald Ecuadors verwenden ebenso wie ein Fächer aus Federn bei uns heimischer Vogelarten. (wenn diese gefunden werden und nicht ein Rebhuhn dafür sein Leben lassen muss). Das Streichbüschel der Shuar-Schamanen, das Shinkishinki ist ein Kraftobjekt, also ein schamanisches Werkzeug von immenser Kraft und Qualität. Auch unser Federfächer, den wir vielleicht aus Federn die wir im Wald finden herstellen wird zu solch einem Kraftobjekt wenn wir entsprechend damit umgehen. Auch ein Büschel Blätter aus der heimischen Botanik tun ihre Wirkung, Thuja hat sich hierbei besonders bewährt. Auf das Thema Kraftobjekte werde ich später noch genauer eingehen.

Seit jeher haben sich die Zweige und Blätter bestimmter Pflanzen ebenso wie Federn als Energielenker und Kraftträger bewährt. Man denke nur an die Mystifizierung bestimmter Pflanzen (z.B. der Alraune, Salbei, Beifuss, usw.) im Europa des Mittelalters.

Die Technik

Haben wir unseren Federfächer hergestellt oder unser Blätterbüschel zusammengestellt (unsere Krafttiere sagen uns wie dies funktioniert) sind wir prinzipiell in der Lage andere Menschen von diesen Schlacken zu befreien.

Wieder ist die Einstimmung, das rituelle Umfeld entscheidend. Dass wir hierzu die Hilfe unserer Krafttiere erbitten versteht sich von selbst.

Der Klient liegt auf einer Decke am Boden und entspannt sich. Es sollte darauf geachtet werden dass der Klient bequeme Kleidung trägt und genügend Bewegungsfreiheit hat. Die Prozedur im Stehen auszuführen ist unzweckmäßig, da die Reaktionen auch Schwindel, Übelkeit oder krampfartige Reaktionen beinhalten können. Die Verletzungsgefahr ist im Liegen entsprechend gering, der Klient ist eher in der Lage sich zu entspannen. Dass dem Delinquenten kurz erläutert wird worum es geht muss nicht extra erwähnt werden. Ob der Klient über schamanische Erfahrung verfügt ist sekundär. Optimal ist natürlich wenn er sein Krafttier bereits kennt und es zu Hilfe rufen kann.

Für den Behandler ist es unumgänglich sich voll dessen bewusst zu werden worum es geht! Die Reinigung, das Entfernen der Schlacken (oder wie auch immer man diesen Sondermüll definieren möchte) ist das Ziel der schamanischen Arbeit. Entsprechende Vorbereitung tut Not, sprich die persönliche Vorbereitung des Behandlers. Also Krafttiere rufen, diese um Hilfe bitten und vor allem das absolute Vertrauen in die Führung durch die Spirits. Wichtig. Wer selbst nicht rein ist der kann nicht reinigen!

Die Durchführung

Nach dem Rufen der Krafttiere folgt das Berasseln des Klienten. Die Rassel wird intuitiv über den Körper des zu Reinigenden geführt. Rhythmus und Intensität variieren. Man lasse sich vom eigenen Krafttier und seiner Intuition führen. Ist dies abgeschlossen kommt unser Fächer aus Federn zum Einsatz.

Der Behandler beginnt den Körper des Klienten mit kräftigen Zügen in Richtung Füße abzustreifen. Ich persönlich beginne mit den Armen, der Kopf folgt zum Schluss, jeden Körperteil streife ich unter kräftigem Ausatmen vier bis sieben Mal ab. Dann folgt eine kurze Pause in der ich eine Kontrolle (im schamanischen Bewusstseinszustand) durchführe und den Klienten nach seinem Wohlbefinden befrage. Die Prozedur wiederhole ich so oft wie nötig. Dabei gilt es die Reaktionen des Klienten zu beobachten und zugleich auf Ratschläge und Anweisungen des eigenen Krafttieres zu achten. Oft stellt sich, auch bei angenehmer Raumtemperatur, extremes Kältegefühl beim Klienten ein. Auch Zuckungen, Übelkeit bis hin zu regelrechten Spasmen sind möglich. Schwindel und die Unfähigkeit zu bewusster Bewegung können auftreten. Wichtig ist es hierbei den Klienten immer wieder zu beruhigen und ihn seine Eindrücke schildern zu lassen. Der Klient soll ja den Verlauf der Behandlung auch real mitverfolgen können. Zudem hat man vorher natürlich das Krafttier befragt ob man den Klienten überhaupt selbst behandeln soll! Kommt da ein klares "ja" ist alles in Ordnung, kommt ein deutliches "nein" sollte man ebenfalls wissen was zu tun ist. Auf keinen Fall ein klares "nein" ignorieren. So etwas kann sich bitter rächen. Erhält man weder ein klares "ja" noch ein energisches "nein" so gilt im Zweifelsfalle: Hände weg!

Ein Trommelstein aus Bergkristall in die Hand gelegt hilft meist den Schwindel und die Übelkeit zu lindern oder zumindest ertragbar zu machen.

Aber nicht wir entscheiden wie viele Durchgänge der Klient nötig hat, immer wieder sind Rückfragen bei den Krafttieren nötig.

Die Dauer dieser Reinigung kann von wenigen Minuten bis zu einer halben Stunde und länger differieren. Meist sind jedoch alles in allem zehn Minuten ausreichend. Aber dies ist keine Norm, denn Normen werden wir in der NAW nicht finden.

Diese Art der Behandlung ist zwar an sich nicht besonders spektakulär, aber Reaktion und Erfolg zeigen wie wirksam sie sein kann. Vor allem wenn der Klient ein gewisses Verständnis für die Vorgänge mitbringt und sich bereit erklärt mitzuarbeiten ist der Erfolg doppelt sichtbar. Der Atemrhythmus des Behandlers geht oft auch auf den Klienten über. Ein Zeichen dafür dass dieser sich aktiv am Reinigungsprozess beteiligt.

Den Abschluss dieser Reinigung bildet wieder das Berasseln und später erzählt der Klient wie es ihm ergangen ist. Wichtig danach sind ausgedehnte Ruhepausen und die Zufuhr von Flüssigkeit.

Bei der Reinigung gilt:
Führe die Reinigung nur auf Anweisung deiner Krafttiere durch, denn nur sie wissen was für den Klienten am besten ist.

Bereite dich und den Klienten gut vor.

Lege deine ganze Absicht (nicht deine Kraft oder deine Energie) in Dein Tun.

Die Anweisungen der Krafttiere sind wichtiger als deine Beurteilung oder dein Ego!

Schaffe ein optimales Umfeld.

Gib dem Klienten genügend Zeit wieder zu sich zu kommen.

Besprich mit ihm was geschehen ist.

Interpretiere nie die Erläuterungen des Klienten.

Vergiss nicht den Krafttieren zu danken!

Reinige die Federn danach im Rauch von z.B. glimmenden Salbei.

Berichte

Fr. A. 42 Jahre, Angestellte berichtet.

Diagnose: Seelenverlust im Alter von 7 Jahren, Eindringling in der Leiste rechts., „schwarze, zähe Nebel" im Energiekörper.

Behandlung: Krafttier holen (bereits erfolgt), Extraktion (bereits erfolgt), Reinigung, Seelenrückholung (für in ca. einer Woche vereinbart)

"...(bei der Reinigung) hatte ich dann das Gefühl als ob irgendetwas aus meinen Fingern gesaugt würde. Mir war schrecklich kalt und schwindlig. Zeitweise habe ich mich nicht bewegen können...dann ist ein Damm (Blockade) in mir aufgebrochen und alles ist durch meine Hände und durch meinen Atem entwichen. Nach der Reinigung ging es mir fast eine halbe Stunde lang miserabel. Aber dann ist mir ganz warm im Herz geworden und die Wärme hat sich dann ausgebreitet. Ich habe mich dann ganz leicht und frei gefühlt, übel war mir noch eine Zeit lang..."

Fr. S. 60 Jahre, Pensionistin

Diagnose: Seelenverlust, Vitalenergie fast völlig versiegt, die ganze Aura voller schwarzer, öliger Flecken die ständig in Bewegung sind...

Behandlung: Reinigung, danach Seelenrückholung (in zehn Tagen).

Die Klientin atmet zu Beginn sehr flach. Sie ist verängstigt und völlig verkrampft. Beim Berasseln bricht sie in heftiges Zittern, später dann in regelrechte Weinkrämpfe aus. Die öligen Flecken lassen sich nur schwer herausziehen, sie haften auch an den Federn. Ich muss sie (die Federn) öfters im Rauch von der teerartigen Schicht befreien.

Nach einigen Durchgängen entspannt sich die Klientin. Plötzlich rollt sie sich zusammen (Embryonalstellung) und weint leise. Ich (der Behandler) mache eine Pause von fünf Minuten während der sich die Klientin wieder sammelt und erste Eindrücke schildert. Nach noch zwei Durchgängen atmet die Klientin wieder tief und rhythmisch.

Nach der Reinigung wirkt sie sehr erleichtert und jünger (!). Sie erklärt ein Kindheitserlebnis wieder erlebt zu haben. Sie geht nicht näher darauf ein, fühlt sich aber sichtlich wohl und freier als zuvor...

Dazu sei noch gesagt: Schamanisch zu arbeiten heisst das ganze existierende Instrumentarium zu verwenden. Also hat auch die Schulmedizin eine wichtige Rolle. Entscheidungen die der Arzt trifft sind ebenso nicht zu kommentieren und zu interpretieren wie der Ratschlag unserer Verbündeten!

Es wäre unverantwortlich (und strafbar!) Hilfesuchenden von medizinischer Versorgung abzuraten oder ihnen gegenüber die persönliche Meinung über schulmedizinische Methoden kund zu tun. Nur die Gesamtheit aller Methoden kann zur Gesundung beitragen.

Kann ein Klient auf Medikamente verzichten, schreitet ein Heilungsprozess mit Hilfe schamanischer Methoden schneller voran, oder tritt gar eine Spontanheilung ein - alles schön und gut. Aber es steht uns weder Kritik zu, noch ist es legitim mit seinen Erfolgen zu prahlen. Da spielen die Verbündeten dann eines Tages nicht mehr mit! Es gilt die Gemeinsamkeit der Methoden zu fördern. Denn ebenso wie im Schamanismus stecken auch in der allseits beschimpften Schulmedizin gewaltige Potentiale. Die Weisheit zu erlangen diese Potentiale zu erkennen und zu nutzen, ob schamanisch oder schulmedizinisch, sollte das gemeinsam Ziel unserer Gesellschaft sein.

Ich persönlich möchte auf Chirurgie und Notfallmedizin nicht verzichten müssen, die Frage nach Genmanipulation und Lebensverlängerung um jeden Preis ist eine andere, die jeder für sich selber diskutieren mag.

Schamanische Techniken sollen nicht Schulmedizinische Praxis und Wissenschaft ersetzen. Sie sollen genau wie viele andere Methoden dem Menschen zu Gute kommen und, ein Vorteil des schamanischen Weges, ihm auf der Suche nach seiner Mitte helfen!

4. Wenn die Seele zersplittert

Wie erwähnt können traumatische Erlebnisse unterschiedlichster Art den Verlust eines Seelenteiles (oder mehrerer Seelenteile) nach sich ziehen. Unsere moderne Konsumgesellschaft hat Strategien entwickelt diese fehlenden Teile mit allem möglichem zu ersetzen. Wir sind eine Art Substitutionsgesellschaft geworden. Wir füllen die Löcher mit teuren Autos, Grossbildfernsehern oder dem Beruf, einer Beziehung usw. Es fällt uns gar nicht auf dass wir etwas Wesentliches verloren haben. Denn als scheinbarer Ersatz bietet unsere Gesellschaft eine Fülle an Auswahl. Aber mit der Zeit müssen wir erkennen dass es eben nur ein Ersatz für etwas ist, das wir innerhalb des berühmten Wasserglases mit eben den Wasserglasmethoden wohl nicht wieder finden können.

Natürlich fehlt nicht jedem Menschen der einen Mercedes fährt ein Seelenteil, und nicht jeder Managertyp ist ein seelenloser Erfolgszombie. Menschen sind verschieden, individuell eben. Was dem einen schadet, macht dem anderen gar kein Problem. Aber oft fehlt uns der Vergleich wie es wohl ist ganz zu sein.

Auch nicht jedes traumatische Erleben einer Situation lässt den Seelenteil verduften. Meist spielen mehrere Faktoren zusammen.

Erst im Rahmen der schamanischen Diagnose, also mit dem visuellen Wahrnehmen dass etwas fehlt, erhält mann/frau Gewissheit. Der Schamane stellt fest dass der Seelenteil fehlt, damit ist alles klar (zumindest für den Schamanen)

5. Auf der Suche nach dem Seelenteil

Menschen mit wirklichem Seelenverlust teilen mitunter ähnliche Schicksale und vor allem bei den Symptomen finden sich viele Parallelen.

So klagen die Verlustigen über die Unfähigkeit Gefühle zu zeigen oder anzunehmen, daraus resultiert meist eine Problematik die Partnerschaft betreffend. Weitere Symptome sind Atembeschwerden bis hin zu asthmatischen Krankheitsbildern (vor allem wenn diese Erkrankung durch schulmedizinische. Methoden nicht nachweisbar ist), Verspannungen im Nackenbereich (die extreme Form), Kopfschmerz bis Migräneattaken sowie sämtliche Probleme die sich aus dem nur schlecht funktionierenden Energiefluss durch den Körper ergeben (schlechte Erdung, Darmträgheit, usw.) Vorsicht ist bei der Diagnose geboten! Alle Symptome können einen Seelenverlust als Ursache haben, können - müssen aber nicht. So wäre es fatal, jemandem mit Darmproblemen einen Seelenverlust anzuhängen. Denn auch ich habe manchmal Kopfschmerzen und Verspannungen im Nacken. Aber der Grund ist ein banaler: Schreibarbeit am Computer!

Also stellen die Symptome nur eine zusätzliche Bestätigung für die zu Beginn gemachte Feststellung dass ein Seelenteil fehlt, dar. Die „Diagnosestellung" durch den Schamanen oder Curandero ist immer peinlich genau. Nur so macht eine Behandlung letztlich Sinn. Kein Curandero würde „Susto" (Seelenverlust) auf Verdacht behandeln, soviel steht fest!

6. Die Seelenrückholung

Mit Absicht widme ich diesem Abschnitt nicht so viel Aufmerksamkeit wie sich der Leser vielleicht erwartet. Denn den Seelenteil eines Menschen zurückzuholen erfordert, vor allem in der Vor- und Nachbehandlung des Klienten viel Fingerspitzengefühl und Erfahrung. Auch wenn in manchen aktuellen Werken die Seelenrückholung als sehr einfach beschrieben wird, darf man nicht vergessen dass die Autoren mitunter Jahrzehnte lange Erfahrung als schamanisch Tätige besitzen und für sie eine Seelenrückholung zu etwas wie Routine geworden ist. Die Seelenrückholung (die nichts mit Rückführung oder ähnl. gemein hat) führt auch zu einem verbesserten Energiumsatz. Die zentrale Stelle im Körper ist wieder gefüllt und zugleich deblockiert. Energie kann wieder fließen sofern auch dafür gesorgt wird, dass die Erdung entsprechend funktioniert und etwa entstandene Altlasten energetischer Natur abgeführt werden. Geschieht dies nicht, kann auch eine Seelenrückholung nicht wirklich positiven Einfluss haben, weil die energetische Komponente des Systems Mensch nach wie vor nicht richtig funktioniert.

An dieser Stelle sei nur der folgende, exemplarische Fall erwähnt der zeigt wie viel Elend und Verzweiflung ein fehlender Seelenteil über viele Lebensjahre des betroffenen Menschen bringen kann.

Fr. A. pensionierte Landwirtin, erzählt:

"...dann hat er mir (der Autor) den Seelenteil zurückgebracht. Ich habe das ganz deutlich gefühlt. Da hat sich in mir etwas geöffnet und ich war wie ein Kind. Er (der Behandler) hat mir dann erzählt wie er meinen Seelenteil gefunden hat. Er hat mir das Bauernhaus beschrieben in dem ich geboren worden bin (der Seelenteil war in der mittleren Welt). Er hat das ganz genau beschrieben, obwohl er nie dort gewesen sein kann...das Haus ist schon lange abgerissen und neu aufgebaut worden..."

Nach einer Woche kommt die Klientin zum vereinbarten Termin.

Sie berichtet: (sichtlich gerührt)

"...Ich habe nicht gewusst dass es mir so gut gehen kann, mein ganzes Leben lang habe ich das nicht gewusst..."

Die Klientin fühlt sich sehr gut, erleichtert und beschreibt ein Gefühl der Ganzheit das sie nicht erklären kann.

Nach drei Wochen besucht die Klientin eines meiner Seminare, da sie den schamanischen Weg für sich entdeckt hat und berichtet:

"...Ich fühle mich noch immer so wie nach der Seelenrückholung. Alles ist leichter geworden und ich verstehe viel mehr. Und viele Zusammenhänge (die Partnerschaft/Familie betreffend) werden mir erst jetzt klar..."

Die eigentliche Arbeit leisten unsere Verbündeten, sie sind es auch die Menschen zu uns führen denen wir helfen, die wir beraten können, und die offen für einen Weg der Mitte sind!

7. Nur für Profis!

Die schamanische Extraktion

Wir bringen Krafttiere und holen Seelenteile zurück, und wir reinigen und gleichen aus. Aber einen Eindringling zu extrahieren, ihn aus dem Körper des Klienten zu saugen erfordert neben der nötigen Erfahrung vor allem eines: Schutz!

Meiner Meinung nach gibt es zwei Arten von Behandlern (oder Heilern). Die ersten sind wirkliche Könner. Sie beherrschen die schamanischen Techniken, haben intensiven Kontakt zu Krafttieren und Lehrern, und scheuen nicht davor zurück sich auch etwas außerhalb ihres „normalen" Horizontes zu bewegen. Sprich sie suchen den Austausch mit Schamanen anderer Kulturkreise. Der zweiten Kategorie gehören Menschen an die eigentlich dringend selber Behandlung nötig hätten. Aber sie haben diesen Umstand nicht erkannt. Sie glauben ernsthaft dass die Menschen zu ihnen kommen um von ihnen geheilt zu werden (was oberflächlich betrachtet auch den Anschein hat). Aber bei genauerer Betrachtung stellt man fest dass die Menschen zu ihnen kommen um *abzugeben*: Verantwortung, Leid, Schmerz, Krankheit. Und die Menschen kommen auch um Energie zu tanken. Wer liefert diese Energie? Klar, der Behandler selbst. So sind die Ambitionen, also das Ego, schuld daran, dass die Heiler der Kategorie zwei als Energietankstelle missbraucht werden und als Mülldeponie für seelisches und körperliches Leid Verwendung finden. Man *glaubt* ja dass man heilt!

Natürlich tut dies niemand mit Absicht, und ebenso logisch fühlen sich die Klienten nach erfolgter „Behandlung" bei dem *Kategorie Zwei Heiler* auch besser. Aber nicht die eigene Energie fließt in ihnen sondern die des Behandlers. Der Behandler hingegen kassiert außer seinem (satten) Honorar noch dazu die Eindringlinge des Klienten plus eine gehörige Portion an negativer Energie die er dann in seiner Aura spazieren trägt. Dass solche Behandler irgendwann selbst erkranken liegt auf der Hand. Natürlich ist dieses Bild die Ausnahme, aber es soll anschaulich machen wie wichtig entsprechender Schutz ist und was geschieht wenn man nur gerne Heiler wäre (für mich unverständlich) aber keiner ist. Initiation wäre jener Faktor der hier hilfreich wäre. Sprich: entweder man ist Schamane/Curandero und initiiert (durch die Natur selbst) oder aber eben nicht. „El Don" , die Gabe zu heilen kann man weder kaufen noch verkaufen, oder erlernen, Man hat sie, was einiges an Verantwortung bedeutet, oder man hat sie eben nicht. Viele jedoch benutzen den Begriff „Schamane" oder „Heiler" um sich selbst einen besonderen Stellenwert in der Gesellschaft zu geben ohne dabei wirklich berufen zu sein. Die Selbstgefährdung denen sich diese Personen aussetzen wird nicht erkannt, weil sich das Ego, aufgebläht durch den sich selbst verpassten Titel und anfänglichen Klientenzulauf, über die eigene Wahrnehmung stülpt und somit (Selbst-) Erkenntnis verhindert wird. Schlecht für den „Schamanen" und schlecht vor allem für den Klienten.

Gerade bei der schamanischen Extraktion von Eindringlingen ist entsprechender Schutz des Behandlers unumgänglich. Ich neige dazu zu behaupten dass jede Extraktion ohne Schutz eine Art Selbstmord auf Raten ist. Das klingt dramatisch, ist es auch.

Besonders die Extraktion durch Aussaugen birgt für den Behandler eine nicht zu unterschätzende Gefahr, und hier spreche ich aus der Praxis. Nicht umsonst benutzen z.B. die Schamanen der Shuar-Indianer im Regenwald Ecuadors und auch ich selbst die magischen Pfeile, die Tsentsak als spirituelles

Bollwerk gegen die Eindringlinge des Klienten. Ich selbst hatte Gelegenheit diese magischen Pfeile von einem Shuar-Schamanen übertragen zu bekommen. Ohne sie würde ich keine Extraktion durch Aussaugen vornehmen und hätte auch wohl kaum über zehn Jahre intensivsten täglichen Behandelns krankheitsfrei überstanden.

Das Thema schamanische Extraktion sei jenen ein Anliegen, die sich berufen wissen. Und auch für jene, die durch ihre Krafttiere zu dieser Praktik geführt werden möchte ich dieses Thema mit den folgenden Sätzen abschließen:

Das Vertrauen in unsere Spirits und deren Führung erschließt uns Wege und Möglichkeiten die wir nur selbst erfahren, nur im Tun lernen und nur im Jetzt praktizieren können, wobei unsere Wünsche und Ziele am Ende des Weges völlige Veränderung erfahren haben können.

Dieses Buch soll Anleitung und Hilfe bei den Reisen in die Nichtalltägliche Wirklichkeit sein. Dem Thema Krankheit, Behandlung und Heilung habe ich hiermit Rechnung getragen. Das wirkliche Auseinandersetzen mit diesem Thema sprengt den Rahmen dieses Buches und liegt weit jenseits des Wasserglases, in dessen Realität auch dieses Buch geschrieben ist. Andere Bücher zum Thema werden mit Sicherheit folgen.

Kapitel VIII
Schamanische Arbeit in der Unteren Welt

1. Der Rat der Tiere

Eine gängige Methode um Antworten in der Nichtalltäglichen Wirklichkeit zu erhalten ist das Einberufen des Rates der Tiere.

Dazu beauftragt man sein Krafttier, alle Tiere (Krafttiere) zusammenzurufen. Man vereinbart einen Treffpunkt in der UW und legt den Termin für die Reise fest. Die Krafttiere kontaktieren sich in der Zwischenzeit und zum vereinbarten Termin finden sie sich an dem ausgemachten Platz in der UW ein. Dann hat man Gelegenheit eine umfassende Beratung durch die anwesenden Spirits zu erhalten. Nicht alle Tiere die hierbei erscheinen kennen wir, es sind die Freunde oder Bekannten der Krafttiere in der UW. Wieder ist unsere Bereitschaft den Rat der Tiere anzunehmen Grundvoraussetzung. Alles andere wäre respektlos!

Vorbereitung und Durchführung

Gestalte den rituellen Rahmen nach deinem Geschmack. Mache eine Reise in die UW zu deinem Krafttier und trage deinen Wunsch vor. Vereinbare einen Termin mit deinem Krafttier und lass dich von ihm zu einem Ort führen an dem du später alle Tiere treffen wirst.

Bedanke dich und kehre zurück. Gib dem Krafttier genügend Zeit sich vorzubereiten. (frage dein Krafttier wie lange es für die Vorbereitungen benötigt)

Reise zum vereinbarten Termin in die UW und begib dich dort zum vereinbarten Treffpunkt.

Wenn sich alle Tiere versammelt haben trage deine Frage, dein Anliegen vor.

Sei aufmerksam und dankbar für den Rat der Tiere!

2. Rituale in der Unteren Welt

Rituale haben immer eine Wirkung auf uns und unsere Umwelt. Auch Rituale die wir in der Nichtalltäglichen Wirklichkeit durchführen zeigen ihre Wirkung in der Alltäglichen Welt. Erinnern wir uns des Prinzips der Einheit von Körper, Geist und Seele. Erinnern wir uns daran, dass es so etwas wie eine rein spirituelle Handlung ohne Auswirkungen auch auf den grobstofflichen Bereich im Schamanismus nicht gibt. Daher liegt der Schluss nahe, dass wir auch in der Nichtalltäglichen Wirklichkeit rituell arbeiten können, um in der Alltäglichen Wirklichkeit Resultate zu erzielen.

Wann und Wo?

In Situationen in denen unser Umfeld keine Möglichkeit bietet rituell zu arbeiten, führen wir die rituelle Arbeit eben in der Nichtalltäglichen Wirklichkeit aus. Das heisst dass unser Anteil an Arbeit ein relativ geringer ist. Vielmehr sind es die Spirits, welche die Rituale vorbereiten, und sie, uns einbeziehend, durchführen. Die Möglichkeiten in der NAW sind entsprechend vielfältig, die Wirkung mitunter heftig.

Als Reiseziel bietet sich naturgemäß die Untere Welt an. Aber auch die Obere Welt ist als Umfeld für rituelles Arbeiten geeignet. Wieder sind nicht wir es die entscheiden, sondern unsere Verbündeten führen uns in die richtige der drei Welten.

Es bedarf unserer ganzen Bereitschaft, ja Hingabe, denn die Spirits bereiten alles für uns vor und führen die Rituale durch. Halbherzige Reisende werden dann mitunter recht unsanft behandelt oder postwendend zurückgeschickt. Also keine Halbheiten!

Vorbereitung und Durchführung

Wie beim Rat der Tiere benötigt es zwei Reisen. Erst die Kontaktaufnahme, dann die eigentliche Ritualarbeit.

Wieder suchen wir unser Krafttier auf und tragen unsere Bitte vor. Wir sollten uns klar darüber sein was wir möchten. Sein Krafttier um ein Heil- oder Kraftritual zu bitten ist genau so legitim wie es um ein Ritual für z.B. eine Partnerschaft zu bitten. Es sollte uns nur klar sein, dass wir hier den Raum des Experimentierens schon verlassen haben müssen. Denn es geht um richtige, ernsthafte schamanische Arbeit!

Nachdem wir unser Krafttier gebeten haben ein Ritual für uns zu arrangieren, verabreden wir wie üblich einen Treffpunkt in der UW. Es ist möglich dass unser Krafttier noch einige Anweisungen für uns parat hat wie wir uns vorbereiten sollen. Dass diesen Anweisungen unbedingt exakt Folge zu tragen ist, versteht sich von selbst.

Für eine gelungene Reise zu einem Ritual, welches die Krafttiere für uns arrangieren trägt natürlich wieder das perfekte Umfeld in der Alltäglichen Wirklichkeit bei. Dass man ungestört ist, ist Voraussetzung. Räuchern, das Einrasseln, gedämpftes Licht usw. sind Selbstverständlichkeiten, die aber nicht zur Routine werden sollten sondern, egal wie oft wir reisen, immer unserer ganzen Aufmerksamkeit bedürfen. Bequeme Kleidung ist angesagt.

Wie lange?

Ebenso wie den Zeitpunkt des Rituals so bestimmen die Krafttiere auch die Dauer. Schon so mancher treue Trommelhelfer ist bei über einer halben Stunde Trommelarbeit ins Schwitzen geraten. Fünfzehn Minuten zu trommeln ist für die meisten kein Problem, dreißig Minuten dagegen erfordern schon etwas Kondition, eine Stunde schafft fast niemand.

Daher empfiehlt sich bei dieser Reise das Tonband. Man kommt zurück wenn man eben fertig ist oder man einigt sich schon zuvor mit dem Krafttier auf ein halbe Stunde und kann so das Rückholsignal benützen um wieder in die Normalwelt zurückzukommen.

Zu den Wirkungen fragen sie ihr Krafttier...

Mitunter sind die Reaktionen heftig. Aber da die Rituale so verschieden, so individuell auf den Reisenden abgestimmt sind, erübrigt es sich näher darauf einzugehen. Nur soviel sei dazu gesagt: Die Reaktionen beinhalten die gesamte Bandbreite unserer Gefühle.

Nach der Reise, dem Ritual sollten wir uns viel Zeit nehmen um alles verarbeiten zu können. Unser Trommelhelfer wird uns sicher gespannt zuhören wenn wir das Erlebte berichten. Und da er als Trommelhelfer und schamanisch Tätiger schon fast ein Profi ist wird er sich hüten unsere Erfahrung zu interpretieren, oder?

Für Rituale in der NAW gilt:

Sei dir bewusst welches Thema dir am Herzen liegt.
Suche dein Krafttier auf und bitte es ein Ritual für dich vorzubereiten, lass dir den Ort des Rituals zeigen und präge ihn dir gut ein.
Lass dem Krafttier genügend Zeit zur Vorbereitung.
Schaffe Dir ein optimales Umfeld. (Räuchern, Rasseln usw.)
Plane genug Zeit für das Ritual ein.
Nimm dir nach deiner Rückkehr genug Zeit um alles zu verarbeiten.
Erzähle deinem Trommelhelfer was geschehen ist.
Vertraue darauf dass durch das Ritual Prozesse in Bewegung kommen.

---

3. Weise Frauen und Männer in der NAW

Oft begegnet man auf den Reisen in der Nichtalltäglichen Wirklichkeit weisen Frauen und Männern die bestimmte Funktionen ausüben. Meist sind sie so etwas wie Kräuterkundige, wobei das Wissen über die Kräuter auch deren Seele umfasst. Andere Personen wiederum sind Ratgeber für bestimmte Problemkreise.

Eine Begegnung in der Unteren Welt (1998)

„...Schnell durchquerte ich den Tunnel, welcher mich in die „Untere Welt" des schamanischen Kosmos führte. Wie auch bei allen vorhergegangenen Reisen brachte mich der Tunnel zu meinem Ausgangspunkt, einer weiten Grasebene, eine Prärielandschaft die auf der linken Seite ihre Begrenzung durch einen silberhellen, breiten Fluss erfuhr. Blauer Himmel über mir, nur wenige Wolken waren zu sehen, und in der Ferne leuchteten die schneebedeckten Gipfel einer Gebirgskette. Bevor ich mich auf den Weg machte, hielt ich Ausschau nach einem meiner Krafttiere, und tatsächlich, nach kurzer Zeit, tauchte mein Reh auf, ein alter Gefährte, der mich immer zu den richtigen Orten geführt hatte. Ihm folgte ich, und wir schlugen den Weg entlang des Flusses ein, der wie ich wusste zu einer Siedlung führte. Diese Siedlung, die wir nach einiger Zeit erreichten, bestand aus sieben niederen Lehmhütten mit Strohdächern, bis auf eine alle verlassen und dem Verfall preisgegeben. Doch diese eine Hütte, in der Mitte der anderen Gebäude war unser Ziel. Mein Reh führte mich direkt vor den Eingang. Das Innere wurde nur durch die Löcher im Dach und in den Wänden erhellt. Zuerst konnte ich nichts erkennen, doch schon bald nahm ich Einzelheiten war. An den Wänden hingen verschlissene Decken mit mexikanischen Mustern, an Haken und Nägeln in den Wänden hingen verschiedene Gebrauchsgegenstände wie Pfannen und Messer, eine riesige Machete, unzählige, dunkle, glänzende Lederbeutel, und im Stroh des Daches hingen viele, kleine Büschel wohlriechender Kräuter.

Ich hatte mit meinem Eintreten so viel Staub aufgewirbelt, dass ich einige Zeit in dem grellen Sonnenlicht nur den Staub tanzen sah. Aber als ich meinen Blick fokussierte, erkannte ich, dass am Boden der Hütte ein alter Mann, fast schon ein Greis, im Schneidersitz hockte. Er war umgeben von unzähligen Lederbeuteln, Steinen, geschnitzten Knochen, und Dingen die ich nicht erkennen oder deuten konnte. Wie ein fliegender Händler, ein Krämer im Basar, hatte er seine „Schätze" vor und neben sich ausgebreitet. Einige der Säckchen und Beutel verloren sich im Dunkel der Hütte, aber der von der Sonne beschienene Bereich war voll von den absonderlichsten Dingen. Der alte Mann blickte zu mir auf, und sein Blick befahl mir mich ihm gegenüber niederzuhocken. So betrachteten wir uns lange Zeit. Der Alte schien indianischer Abstammung zu sein. Die hohen Wangenknochen, seine Hautfarbe waren typisch indianisch, aber die Augenform verriet einen asiatischen Einfluss. Je genauer ich das Gesicht des Mannes betrachtete, er ließ meine Untersuchung ohne Scheu oder Ablehnung über sich ergehen, desto mehr Menschenrassen fand ich in diesem von Wind und Wetter gegerbten, und zweifellos schönen Gesicht. Alle Stämme der Menschen schienen sich in diesem Gesicht zu vereinen, alle Völker hatten ihm ihren Stempel aufgedrückt; die Inuit Eskimos, die Crow, Cheyenne und Lakota, die Shuar und Jivaro, die Jakuten und Eweken, Mandschu und Tungusen, Europa und Afrika, Ost und West, alles schien in diesem Gesicht vereint. Ebenso war sein Alter, wie seine Herkunft unbestimmbar, aber ich fühlte dass dieser Mann alle Alter hatte. So saß ich vor ihm, und wenn er nicht gefragt hätte weshalb ich zu ihm gekommen war, ich hätte ihn vermutlich noch Stunden angestarrt und all die Völker und Alter die er verkörperte an mir vorbeiziehen lassen. Aber er richtete das Wort an mich. Seine Stimme knarrte wie altes Leder, war tief und angenehm. Ich war weniger über den Klang seiner Stimme überrascht, vielmehr überraschte mich das was er sagte. Eigentlich hätte ich erwartet dass er danach fragen würde was ich von ihm wolle, dass ich ihm hätte erläutern müssen was ich vorhatte, aber er war bereits bestens informiert. Mit seiner Linken wies er auf all die Säckchen und Lederbeutel die auf einem Tuch mit verblassendem rotem Muster ausgebreitet waren, und fragte mich, was nimmst Du mit? Ich war verblüfft, schien mir diese Frage eben nicht leicht zu beantworten zu sein. Vor allem hatte ich ja keine Ahnung was sich in all diesen Beuteln befand.

Noch einmal fragte der Alte, und diesmal schien ein wenig Ungeduld in seiner Stimme mitzuschwingen. Was nimmst Du mit? Die Frage hämmerte hinter meinen Schläfen, ich wand mich innerlich, suchte um eine Antwort. ...schließlich fiel mein Blick auf einen Lederbeutel neueren Ursprungs, auch unterschied er sich durch die Farbe, war heller und bunter als die anderen. Und nachdem ich ihn eingehender betrachtet hatte, fiel es mir wie Schuppen von den Augen: Es war einer meiner beiden Lederbeutel, in denen ich meine Kraftobjekte und auch kleine Mengen einer Räuchermischung aufbewahrte! So war auch mein Beutel, mein schamanisches Werkzeug hier an diesem Ort, so fand auch ich mich in dieser Gemeinschaft aller Völker und Zeitalter wieder. Diese

Erkenntnis erfüllte mich mit Stolz, und als ich dem Alten ins Gesicht blickte lächelte er breit und nickte. Ich nahm den Beutel an mich, öffnete ihn, und darin fand ich einen Bergkristall, schimmernd, ungeschliffen mit drei Spitzen und einer Basis aus vielen, kleinen Nadeln. Was ich in Händen hielt war das Geschenk für den Schamanen. Und tatsächlich, nur wenige Tage später sollte ich diesen Stein in einem Geschäft für Heilsteine und Mineralien wieder finden. Der Alte lächelte, und sagte leise: gut, gut, und komm wieder. Ich begriff dass es an der Zeit war zu gehen...

(aus: „Auf den Spuren des Geisterjaguars" Veth-Verlag 2006)

Bei dieser Reise war meine Frage die folgende: Welches Geschenk sollte ich einem Schamanen der Shuar Indianer, von dem ich mir eine Initiation erhoffte, mitbringen?

Vorschläge

Wir können viele Probleme des täglichen Lebens mit rituellen Handlungen in den Griff bekommen.

Gängige Rituale die auch in der Alltäglichen Wirklichkeit durchführbar sind wären z.b.

\# Heilrituale

\# Kraftrituale

\# Rituale für Partnerschaft und Freundschaft

\# Erdungsrituale

\# Rituale die sich mit dem Thema Tod und Wiedergeburt auseinander setzen

\# Das Ritual des „Sich Verbindens mit der Natur" (Reconnection)

\# Rituale um seine Kraftobjekte mit Energie aufzuladen

\# Zeremonien die Lebensabschnitte des Menschen betreffend

usw.

Die Möglichkeiten sind so vielfältig, dass es unmöglich ist auch nur annähernd eine Auflistung zu erstellen. Erst die praktische Erfahrung zeigt jedem der den Schritt in diese ko existente Welt wagt neue Wege und Möglichkeiten auf. Sich an den Erfahrungen anderer zu sehr zu orientieren schafft nur unnötige Verwirrung.

Mit der Zeit kennt man die Topographie der UW, weiß wo sich Krafttiere und Verbündete aufhalten und findet sich besser zu Recht als zu Anfang. Diese Welt zu erforschen und ihre Bewohner kennen zu lernen ist ein aktiver Prozess der von uns Aktion und Einfallsreichtum fordert. Als Gegenleistung erhalten wir Einblicke in eine Welt voller ungeahnter Möglichkeiten, wir haben die Chance zur Kommunikation mit den Wesenheiten dieser Welten und haben die Möglichkeit einen neuen, aufregenden und spannenden Weg zu beschreiten der uns stetig zur eigenen Mitte führt.

4. Hilfestellung bei Reiseproblemen

Im Prinzip kann man nur wenige Dinge falsch machen, diese macht man jedoch gerne falsch und vor allem immer wieder. Gerade Menschen, die noch wenig Erfahrung gesammelt haben, stolpern gerne über dieselben Fußangeln.

Hier eine Hitliste „beliebter" Fehler.

Platz 1:

Mann/Frau vergisst auf den eigentlichen Grund des Besuches in der UW, steht bass erstaunt vor dem Krafttier und bringt kein Wort heraus. Dann kommt das Rückholsignal und das war`s dann. Was folgt ist Frustration.

Platz 2:

Das Ritual das man so für sich ausgedacht hat ist zwar gut durchdacht, mit allem Drum und Dran, aber wirklich nicht nötig. Folglich lehnt das Krafttier seine Mitarbeit ab. Man steht dann allein da und nichts geschieht. Denn nicht alles was wir für unser (spirituelles) Fortkommen als notwendig erachten ist wirklich förderlich für uns.

Platz 3:

Die vorgefasste Meinung, was denn ein Ritual eigentlich sei, hindert einen an der Ausführung. Denn das Wort Ritual ist nun mal in unserer Gesellschaft etwas negativ besetzt. So verbinden die meisten Menschen mit einem Ritual das Schlachten von unschuldigen Hühnern, Meerschweinchen oder Kühen bis hin zur Opferung von Jungfrauen bei Vollmond. Nichts von alledem geschieht!

Die Lösung ist prinzipiell einfach: Fragen wir unser Krafttier. Bei Punkt eins sind wir selbst gefordert, aber bei Punkt zwei kann unser Krafttier helfen. Es weiß was für uns gut und wichtig ist und kann entscheidende Hinweise geben. Punkt drei liegt etwas außerhalb des „tierischen" Zuständigkeitsbereiches. Aber frei nach der Devise „mal schauen was kommt" können wir Erfahrungen machen, die alle Unkenrufe der Gesellschaft mit einem Schlag verstummen lassen.

Kapitel IX
Schamanische Arbeit in der Oberen Welt

1. Die Andersartigkeit der OW

Einiges wissen wir bereits über die Obere Welt und den Lehrer. Gerade in der OW, die oft etwas wage, nebelig und schwer definierbar erscheint sind einige Besuche nötig, um sich halbwegs zu Recht zu finden (Naturtalente natürlich ausgenommen). Die Praxis macht den Profi aus, und nicht die Theorie.

Hat man seinen persönlichen Lehrer einmal gefunden, dies geschieht im Rahmen einer Reise ähnlich der zum Krafttier, so ist man aufgefordert den Kontakt zu dieser mächtigen und kraftvollen Persönlichkeit aufrecht zu erhalten. Die Einblicke, die uns der Lehrer gewährt, sind ebenso phantastisch wie erschreckend. Er geht Probleme so ganzheitlich an, dass kein Stein auf dem anderen bleibt, wenn man ihn um Hilfe ein bestimmtes Problem betreffend bittet. Gerade in der OW sollten wir unsere Sichtweise von gut und böse, angenehm und unangenehm, schön und hässlich gründlich überdenken. Diese erlernte Schwarzweißmalerei hindert uns an vielem. Vor allem behindert sie uns in der Fähigkeit uns hinzugeben, uns quasi auszuliefern im Vertrauen an die Weisheit der Spirits.

Rituale in der OW sind, wenn auch meist heftiger, ähnlich den Ritualen in der UW. Die Krafttiere entscheiden wohin wir uns zu wenden haben. So mancher wollte in die UW und landete flugs in der OW beim Lehrer. Umgekehrt genauso. Die Kontrolle liegt eben bei den Verbündeten und nicht bei uns selbst. Wenn wir reisen sollten wir unser Ego am Besten irgendwo deponieren. Zumindest für die Dauer unseres Aufenthaltes in der Nichtalltäglichen Wirklichkeit soll es uns keinen Strich durch die Rechnung machen.

R. erzählt:

"..ich wollte in die Untere Welt, ich war mir so sicher dass ich dorthin muss. Dann hat mich mein Adler gepackt und mich nach oben gebracht. Ich habe versucht wieder nach unten zu kommen. Das ging dauernd so dahin bis, nach dem vierten oder fünften Mal, mein Krafttier furchtbar böse geworden ist. Ich bin derart erschrocken, dass ich völlig vergessen habe wozu ich eigentlich gekommen war. Als das Rückholsignal ertönte ist mir mein Fehlverhalten bewusst geworden. Ich habe mich nach meiner Rückkehr richtig schuldig gefühlt. Später habe ich mich dann bei meinem Krafttier entschuldigt. Aber es hat einige Zeit gedauert bis wir wieder eine gute Beziehung hatten..."

S. erzählt:

"..die Gegend (Obere Welt) war so unwirklich, kalt und grau, dass ich mich so richtig gefürchtet habe. Dann ist der Lehrer aufgetaucht, der hatte aber kein Gesicht, nur so eine Kapuze. Da wo das Gesicht sein sollte war nur Schwärze. Es war ganz kalt, ich habe wirklich gefroren. ...Plötzlich ist der Lehrer auf mich zu gerast und irgendwie durch mich hindurch. Ich habe mich nur mehr geekelt und gefürchtet, da bin ich einfach zurück und habe die Augen aufgemacht. Ich bin wohl zu feige..."

2. Wenn der Lehrer behandelt

Die Behandlung durch den Lehrer ist, ganz ohne Übertreibung, radikal, umfassend, ganzheitlich, erschütternd. Aber Behandlungen durch den Lehrer können auch schön, erotisch, erhebend, sanft oder ganz einfach nur angenehm sein. Die ausschlaggebenden Faktoren sind die angezeigte Behandlungsform und, was noch entscheidender ist unsere Einstellung zu gut und böse, hell und dunkel, schön und hässlich, angenehm und unangenehm usw.

Niemand wird behaupten dass ein Saunabesuch einfach nur angenehm ist. Aber wir nehmen die hohe Temperatur in Kauf, wissen wir doch um die heilkräftige Wirkung. Genauso reagieren wir beim Masseur: Je schmerzhafter die Behandlung, desto mehr Wirkung schreiben wir ihr zu (was im Falle einer Massage vom medizinischen Standpunkt aus sicher ein Fehler ist). Wir trinken bittere Tees, ohne Argwohn oder Ablehnung, weil wir wissen dass die Medizin helfen wird. Wir stellen nicht den Anspruch dass unser Kräuteraufguss auch noch gut schmecken muss.

Weder ist die Behandlung durch den Lehrer mit einem Saunabesuch, noch mit einer Massage vergleichbar. Aber es geht um das Prinzip: *Lassen wir unsere alten Ansichten los, vertrauen wir auf die Richtigkeit und Notwendigkeit der Behandlung die wir durch den Lehrer erfahren werden!*

3. Leichtfertigkeit ist fehl am Platz

Man ersucht den Lehrer nicht leichtfertig um Behandlung oder, schlimmer noch, aus Langeweile. Auch wenn der Lehrer unsere Beweggründe kennt und uns eine Behandlung aus solch „niederen" Gründen versagen wird, so ist es vor allem eine Respektlosigkeit gegenüber einer Wesenheit, die an Weisheit und Kraft wohl kaum zu überbieten ist.

Der Wunsch den Lehrer um eine Behandlung zu bitten sollte entweder tief aus unserem Innersten kommen, oder ein Auftrag unserer Krafttiere sein. Und selbst wenn wir genau zu wissen glauben was wir behandelt haben wollen, der Lehrer entscheidet, er ist die einzige Autorität.

4. Stirb und Werde, oder die Radikalbehandlung durch den Lehrer

Wenn wir zum Lehrer mit der Bitte um Behandlung reisen, sollten wir uns auf einiges gefasst machen. Mitunter greift er zu brachialen Methoden, die eher an mittelalterliche Foltermethoden erinnern als an Mikrochirurgie oder sanfte Naturmedizin. Aber es steht uns weder zu diese Methoden in Frage zu stellen, noch sind wir in der Position Spezialwünsche zu äußern.

Der Begriff schamanische Zerstückelung taucht in diesem Zusammenhang auf. Ein Initiationserlebnis, das vielen zugänglich ist die den Kontakt zum Lehrer suchen. Hier möchte ich aber bemerken dass der Besuch beim Lehrer eine Reise für Fortgeschrittene darstellt. Nicht deswegen weil etwas geschehen kann sondern deswegen, weil der Ungeübte meist Schwierigkeiten hat das Erlebte zu integrieren. Und aus dieser Unfähigkeit heraus wird dann interpretiert bis zum Gehtnichtmehr. So verkommt das Erlebnis der Behandlung durch den Lehrer oder der schamanischen Zerstückelung zu einer mit den Methoden der Traumdeutung zerlegten Vision. Jene Menschen aber, die keine Probleme damit haben sich einer Vision hinzugeben, werden von dieser profitieren, werden sie als Tod und Wiedergeburt erfahren und der Begriff des Phönix aus der Asche wird für jene motivierten Praktiker schamanischer Technik zu erlebter Realität.

Vorbereitung und Durchführung

Auftrag: Ich mache eine Reise zum Lehrer in die Obere Welt mit der Bitte um Behandlung (oder Zerstückelung).

Zeit: mindestens zwanzig Minuten

Für die Reise zum Lehrer mit der Bitte um Behandlung gilt:
Bereite dich gut vor, schaffe ein optimales Umfeld.

Geh nie leichtfertig auf diese Reise!

Versuche nicht in den Kategorien Gut/Böse, Schön/Hässlich usw. zu denken.

Lasse dich ganz in die Vision fallen, gib dich der Vision hin.

Beobachte genau, auch deine körperlichen Reaktionen.

Es gibt eine Entsprechung von Schmerz in der NAW, lass sie zu.

Versuche die Behandlung auch körperlich zu empfinden (was meist kein Problem ist, eher im Gegenteil)

Wandle deine Angst in Aufmerksamkeit um!

Lass dir nach dem du zurückgekehrt bist viel Zeit um dir deines Körpers bewusst zu werden. Atme tief und strecke dich gut durch. Trinke oder iss etwas.

Erzähle deinem Trommelhelfer was vorgefallen ist.

Achte auf Veränderungen (auch in den nächsten Tagen und Wochen).

Hilfestellung bei Reiseproblemen

Die meisten Probleme haben mit unserer Angst zu tun. Für diejenigen welche gelernt haben ihre Angst in Aufmerksamkeit zu verwandeln sollten keine Probleme in Sachen schamanisches Reisen mehr aufkommen.

Berichte

Fr. R. berichtet: (1997, Halltal / Tirol, Seminar)

"...ich begegne meinem Lehrer und ich trage ihm meinen Wunsch vor. Er nimmt einen Stock und drückt mir auf die Brust.. das ist sehr, sehr schmerzhaft, ich kann kaum atmen. Es ist entsetzlich, obwohl der Lehrer mich dabei freundlich ansieht. Ich kann nicht sagen wie lange das dauert...

Auf einmal fühle ich im Bauch eine heiße Kugel, diese Hitze bewegt sich ganz langsam nach unten.. wie eine Geburt.. es ist wunderbar..

Nach der Rückkehr brauche ich noch einige Zeit um ganz zu mir zu kommen. Ich bin so tief gerührt und kann lange Zeit gar nicht darüber sprechen..."

Kapitel X
Schamanisches Arbeiten in der Mittleren Welt

1. Die Vielfalt erkennen

Die Mittlere Welt, also unsere Alltägliche Welt, aber wahrgenommen im schamanischen Bewusstseinszustand, ist ein wirklich weites Feld. Am besten beschreibt die Vielfältigkeit der Möglichkeiten und der Kommunikation mit den Wesenheiten welche diese Welt bewohnen der folgende Satz:

Alles das einen Schatten wirft hat auch eine Seele!

Schamanismus ist Kommunikation, ergo kann ich mit allen beseelten Dingen kommunizieren. Steine, Bäume, Plätze, Heilpflanzen. Habe ich dieses Prinzip begriffen, besser noch erfahren, dann habe ich auch einen ungefähren Einblick in die unendlichen Möglichkeiten der schamanischen Arbeit in der Mittleren Welt. Dieses Erkennen der Vielfalt, also der wahren Realität der Welt ist die Ursache für unsere Hoffnung doch einiges bewegen zu können.

Wenn wir die reale Vielfalt des Universums einmal erfahren haben, können wir diese Erfahrung auch nicht mehr leugnen. Somit sind wir (für immer?) dem Wasserglas entkommen. Zumindest bestimmen wir wann wir uns bewusst wieder in das Wasserglas begeben. Und doch wird der Blick durch die zu Anfang dieses Buches erwähnte Glaswand kein getrübter und verzerrter mehr sein. Wir wissen und dieses Wissen zu verwenden, es weiterzugeben und zu erweitern wird zur wichtigsten Aufgaben in unserem irdischen Dasein.

Jeder noch so gut gemeinte Versuch durch das bloße Umarmen eines Baumes mit ihm kommunizieren zu können, erscheint uns als Praktizierende geradezu lächerlich. Wissen wir doch dass wir mit dem Wesen dieses Baumes verbale Kommunikation erfahren können. Und das geht weit über ein mehr oder weniger deutliches Kribbeln in den Händen hinaus!

Aber Vorsicht! Hochmut kommt vor dem Fall.

Jeder geht seinen Weg, kein Weg ist besser oder schlechter. Denken wir zurück, welche Dinge auch für uns vor noch nicht allzu langer Zeit unerklärbar und faszinierend waren. Denn der schamanische Weg lehrt uns auch eine der schwersten Übungen die es überhaupt für den denkenden Menschen gibt: Den anderen so sein zu lassen wie er eben ist.

2. Eine neue Welt entdecken

Nun gilt es die Mittlere Welt zu erforschen. Dort finden wir die Seelen Verstorbener ebenso wie die Geister von kraftvollen Orten. Wir kommunizieren mit dem Geist des reinigenden Salzes wie wir den Kontakt zum Wesen des Wassers oder des Feuers suchen. Wir nehmen Energielinien wahr welche von Bergen ausgehend die Landschaft überziehen und finden Energiesignaturen aus der Vergangenheit an denen wir uns zurückbewegen können, um mehr über die Eigenart eines Ortes zu erfahren.

Wie Christoph Kolumbus oder die Mannschaft des Raumschiffs Enterprise dringen wir in eine Welt vor, welche die meisten Menschen nie gesehen haben und vielleicht auch niemals sehen werden.

Gerade in einer Gesellschaft, in der so vieles als erforscht und bewiesen gilt, haben wir mit der Technik der Schamanenreise die Möglichkeit in ungeahnte Bereiche vorzudringen. Aber dieses Erforschen ist auch wieder Hilfe für uns, den Weg zur Mitte weiter zu verfolgen. Und gerade in der Mittleren Welt liegen die Lösungen für viele Probleme des täglichen Lebens verborgen. Sie zu finden ist unsere Aufgabe, ist unser Ziel.

3. Die Natur als Energiereservoir

Überall fließt Energie. Wir wissen von kraftvollen Orten in der Natur, von Energiefeldern und geomantischen Linien. Wir kennen das Gefühl dass wir uns an einem bestimmten Ort besonders wohl oder unwohl fühlen. Wir sind demnach fähig sehr feinstoffliche Energie wahrzunehmen. Aber wenn wir uns mit diesen Energien schamanisch auseinandersetzen, erst dann bekommen wir den vollen Zugang zu diesen Kräften, die uns immerhin am Leben erhalten.

Gerade in der Natur finden wir einen unerschöpflichen Vorrat an sich ständig erneuernder Lebensenergie. Müßig dieser Energie einen Namen geben zu wollen. Jede Kultur hat ihre eigene Bezeichnung dafür, jede Gesellschaft geht anders damit um. Wir verdrängen und leugnen diese Energie, in anderen Kulturen läuft ohne die Anerkennung und das Wissen um diese Energieformen gar nichts (z.B. China).

Diesen Vorrat an Lebensenergie anzuzapfen allein wäre wohl die primitivste Form der Nutzung. Viel effizienter ist es aber sich in den Kreislauf der Erneuerung einzuklinken und die Natur nicht bloß als Tankstelle zu benutzen. Im günstigsten Fall sollten wir immer mit genügend Energie versorgt von ihr durchdrungen sein.

Im schamanischen Kontext bieten sich Rituale an, um sich wieder mit der Natur zu verbinden - ein Vorgang der ohnehin auf unserem Weg zur eigenen Mitte liegt, den wir aber mit rituellen Handlungen unterstützen können. Um den geeignetsten Ort für unser Ritual zu finden sollten wir in der Lage sein die Energien auch optisch wahrzunehmen. Eine Technik, die voraussetzt dass man bereits einige schamanische Erfahrungen in der Mittlern Welt gesammelt hat.

4. Energielinien und Energieschnittpunkte

Die Mittlere Welt ist, wie wir aus der Geomantie wissen, von Energielinien durchzogen. Nahe liegend ist die Überlegung dass sich an den Punkten an denen sich diese Linien schneiden besondere Konzentrationen dieser Energien auftreten müssen.

Ausgehend von markanten Berggipfeln oder Bäumen fließen diese Linien über die Landschaft und bilden ein Netz aus Energie. Wenn wir den schamanischen Bewusstseinszustand erreicht haben, können wir diese Linien erkennen, und vor allem, sind wir in der Lage die Schnittpunkte dieser Linien zu finden um sie zu nutzen.

Ein Experiment

Wir begeben uns in die Natur. Wenn möglich an einen abgeschiedenen Ort an dem wir ohne gestört zu werden arbeiten können. Wichtig ist wieder die Einstimmung und unsere feste Absicht (sprich Ernsthaftigkeit) uns mit diesen Energien auseinanderzusetzen. Wieder gilt: Je besser die Vorbereitung desto besser das Ergebnis!

Zuerst suchen wir einen Platz an dem wir uns prinzipiell wohl fühlen. Es sollte eine Fläche von einigen Quadratmetern sein. Dann lassen wir uns von unserem Trommelhelfer (dem Tonband, oder durch eigenes Rasseln) in den schamanischen Bewusstseinszustand versetzen. Haben wir ihn erreicht betrachten wir den Ort wie bei einer Reise in der Mittleren Welt.

Auch der Blick durch halbgeschlossene Augen vermittelt neue Erkenntnisse! Nun achten wir ganz bewusst auf Veränderungen in unserem direkten Umfeld. Möglicherweise können wir schon nach kurzer Zeit einige vage Linien, schwach leuchtend, erkennen die über den Platz laufen. Nun versuchen wir uns auf eine dieser Energiesignaturen zu konzentrieren und folgen ihr mit dem Blick (immer noch im schamanischen Bewusstseinszustand) an den Ort ihrer Entstehung. Meist wird es ein Berg, ein großer Felsen, ein Baum oder ähnliches sein. Haben wir den Ursprung festgestellt folgen wir der Linie wieder mit dem Blick bis zu dem Ort an dem wir uns befinden und suchen eine andere Linie. Irgendwann werden wir zwei oder mehrere Linien finden, welche sich an unserem Platz kreuzen. Haben wir den Kreuzungspunkt entdeckt können wir ihn mit einem Stein markieren. Wenn wir aufmerksam und ausdauernd sind können wir einige solcher Kreuzungspunkte finden und markieren. Haben wir dies erreicht kommt der zweite Teil unseres Energieexperimentes.

Unterschiedliche Wahrnehmungen

Der zweite Teil gewinnt an Qualität, wenn wir zu zweit oder in kleinen Gruppen arbeiten. Sind von einem „Sucher" die Kreuzungspunkte gefunden und markiert, kann er den schamanischen Bewusstseinszustand verlassen. Nun ist mehr das innere Gefühl gefragt. Angenehm oder unangenehm sind die Faktoren die nun entscheiden. Der Sucher setzt sich nun auf eine der zuvor markierten Stellen und versucht herauszufinden ob er sich dort wohl oder unwohl fühlt. So testet er einen Punkt nach dem anderen aus. Die Unterschiede sind oft frappant, wenn nicht sogar beängstigend. Hat er seinen Platz gefunden, also eine Stelle an der er sich ausgesprochen gut fühlt lädt er seinen Partner oder jemanden aus der Gruppe ein, auch diese Stelle auszuprobieren. Meist empfindet der Andere dieselbe Stelle als unangenehm. Der Partner sucht sich dann einen anderen der markierten Punkte, bis er „seine" Stelle gefunden hat. Das Experiment kann beliebig oft wiederholt werden, man kann ohne weiteres einen ganzen Nachmittag damit zubringen seine ganz persönliche Kraftstelle zu finden.

Fazit

Δ Es gibt Punkte an denen sich Energiebahnen schneiden.

Δ Diese Punkte besitzen ein hohes Energieniveau.

Δ Im schamanischen Bewusstseinszustand sind sie optisch erkennbar.

Δ Jeder empfindet diese Punkte anders (angenehm oder unangenehm)

Δ Es sind Kraftpunkte die der Energie des Betreffenden ähnlich sind, es besteht quasi eine Verwandtschaft. Die Energie wirkt positiv, meist beruhigend oder auch anregend.

Das Experiment funktioniert auch hervorragend im Dunkeln oder bei Dämmerung!

Andere Anwendungsmöglichkeiten

An diesen Schnittpunkten können wir auch schamanische Werkzeuge, so genannte Kraftobjekte mit Energie aufladen. (zum Thema Kraftobjekte kommen wir noch später). Von der Schamanentrommel über die Rassel bis hin zu Kristallen können wir diese Kraft nutzen.

Im Rahmen eines kleinen Kraftrituals können wir unsere Werkzeuge an den Energiepunkten platzieren und sie z.b. über Nacht mit Energie aufladen. Den Erfolg wiederum überprüfen wir, indem wir unsere nun aufgeladenen Werkzeuge im schamanischen Bewusstseinszustand betrachten um Veränderungen festzustellen. So erscheinen uns diese Objekte nunmehr von einer Art Aura umgeben zu sein. Dem Praktiker erschließen sich noch andere, tiefere Veränderungen bezüglich der neuen Energiepotentiales.

5. Schamanisches Gehen

Eine bewährte Methode um in der freien Natur den schamanischen Bewusstseinszustand zu erreichen ist das schamanische Gehen. Diese Kombination von Atemübung und Gehrhythmus lässt uns auch unsere ganz persönliche Geschwindigkeit finden. Diese Geschwindigkeit bezieht sich aber keinesfalls nur auf die Fortbewegung, sondern ist quasi ein Maß, eine persönliche Standartgeschwindigkeit in unserem Tun (auch dem alltäglichen Tun), die, wenn eingehalten, uns davor bewahrt auszubrennen und Energie zu verschwenden. (Burn Out Syndrom!)

Die Praxis des Schamanischen Gehens

Vorab sollten wir uns wieder im Klaren darüber sein, dass, je tiefer wir uns auf die Übung einlassen, der Effekt entsprechend spürbar und erfahrbar sein wird. Erinnern wir uns an die schamanische Disziplin beim Reisen und an das Umwandeln der Angst in Aufmerksamkeit. (vgl. Kap. VI)

Als erstes bedarf es eines Geländes das uns ein wenig fordert (leichte Steigung) aber auch genügend Phasen zur Beruhigung unseres Kreislaufes bietet. Weiters sollte unser Übungsgelände weitab von stark begangenen Wegen oder Einflüssen durch die Zivilisation (Autobahn usw.) sein. Bevor wir die Übung beginnen, sollten wir auch über unseren Gesundheitszustand, besonders Herz-Kreislauf, und unsere physische Belastbarkeit im Allgemeinen gut informiert sein. Bei Unklarheiten oder Erkrankungen ist vorher der Arzt zu konsultieren. Wichtig ist: Es handelt sich nicht um ein Fitnessprogramm um unsere Belastbarkeit zu testen oder zu steigern, sondern um eine Übung die unsere Wahrnehmung verändern soll. Natürlich sind auch physische Veränderungen möglich, ja sogar erwünscht. Es geht aber nicht darum unser Gehtempo zu steigern, sondern, wie erwähnt, darum unser persönliches Tempo zu finden.

Ziel der Übung ist es so wenig wie möglich außer Atem zu kommen und so in der Lage zu sein eine Strecke mit all ihren Hindernissen in konstanter Geschwindigkeit, in gleichem Rhythmus bewältigen zu können. Kommen wir dabei außer Atem oder stellen sich Probleme wie Herzklopfen oder Seitenstechen ein, waren wir zu schnell, zu ehrgeizig.

Betrachten wir die zu bewältigende Strecke als Parkcour, der uns zu unserer Mitte, unserem persönlichen Lebenstempo führt. Es gilt: Der Weg ist das Ziel!

Die Durchführung

Nimm dir genügend Zeit dein Tempo zu finden. Gehe langsam aber zügig los. Vermeide außer Atem zu kommen.

Jetzt kommt die Atemtechnik ins Spiel!

Atme durch die Nase ein und durch den Mund aus.

Versuche in folgenden Rhythmus zu kommen:

ein-ein-aus-aus ein-ein-aus-aus usw.

Wenn du zu wenig Luft durch die Nase bekommst bist du zu schnell.

Du solltest ein Tempo erreichen, bei dem Du den Rhythmus ohne Schwierigkeiten beibehalten kannst.

Der erste Teil der Übung ist bestanden, wenn Du auch bei kurzen Steigungen oder unebenem Gelände im Rhythmus bleiben kannst.

Was noch geschieht:

1. Physisch

Atmung, Puls und Schrittfrequenz bleiben unabhängig vom Gelände konstant. Es tritt keine Erschöpfung und kein extremes Durstgefühl (wie bei normaler Mundatmung) auf. Der gesamte Organismus passt sich dem Atemrhythmus an.

2. Die Wahrnehmung

Ist die Übung erfolgreich befindet man sich wie in einer Zeitblase. Alles um einen herum, speziell entgegenkommende Wanderer scheinen langsamer. Die Zeit verliert an Bedeutung. Die Geräusche der Umgebung werden nach und nach klarer.

Möglicherweise steigt eine Melodie in uns auf (das Kraftlied). Wir denken nichts mehr, der innere Dialog ist unterbrochen, die Aufnahmefähigkeit für bisher Unsichtbares wird geweckt. Blockaden lösen sich. Wir erkennen Energielinien und Energieschnittpunkte. Wir haben den schamanischen Bewusstseinszustand erreicht!

Am Rande bemerkt

Meist sind wir nach erfolgreicher Übung überrascht wie weit wir gekommen sind. Wir empfinden Ruhe und Freude sowie eine tiefe Verbindung zur Natur und ihren Wesenheiten.

Wie lange soll die Übung dauern?

So lange wir das Bedürfnis haben diese neue Art der Wahrnehmung und des Bewusstseins zu genießen!

6. Die Kraft der Berge

Wir alle sind uns der Erhabenheit der Bergwelt bewusst. Viele der Märchen und Mythen die wir lesen spielen in den Bergen. Wir wissen auch, dass die Berge Gefahren bergen, dass der Ungeübte meist erst wieder zur Zeit der Schneeschmelze auftaucht. Natürlich nachdem er im Spätherbst von einer Wetterfront überrascht wurde, sich erst verlaufen hat und dann einen grausigen Tod in einer Gletscherspalte erlitten hat.

Seit Urzeiten beherbergen die Berge Geister, Götter, Wesenheiten die schaden oder nutzen können. Viele mystische Begegnungen spielten sich in den Bergen ab. Wir, nun um eine Möglichkeit die Welt zu erfahren bereichert, können noch einen Schritt weiter gehen. Wir haben die Chance mit den Wesenheiten, welche die Bergwelt bewohnen, zu kommunizieren. Aber vergessen wir nicht dass diese Wesenheiten mächtige, weise und respekteinflössende Persönlichkeiten sind, denen mann/frau nicht ohne den nötigen Respekt begegnen sollte.

Mit der Technik der schamanischen Reise in die Mittlere Welt haben wir die Möglichkeit auf weit entfernte Berggipfel zu reisen und Regionen zu erkunden die in der „normalen" Welt für uns oft unerreichbar sind.

Aber jeder muss sich selbst auf die Suche nach diesen Wesenheiten machen. Und wenn wir dies mit Ehrfurcht und Aufrichtigkeit tun, werden wir diese Wesenheiten um Rat fragen können.

Das Salz der Erde

Erst kommen die Täler, dann, langsam ansteigend gewinnen wir an Höhe. Oben, nahe der Baumgrenze finden wir die dunklen Schächte, die Eingänge in den Berg. Sie führen zu den Salzseen, tief im Berg, fern des Lichtes. Seit Jahrhunderten wird Steinsalz abgebaut. Lebenswichtig, überlebenswichtig. Nicht nur als Handelsobjekt, nicht bloß als Würze um das über dem Feuer gegarte Fleisch genießbar zu machen. Auch nicht nur als Konservierungsmittel wurde das Salz dieser, meiner Region bis ans Ende des vorigen Jahrhunderts abgebaut. Auch als Opfergabe, als reinigender Zusatz zu rituellen Bädern wurde es verwendet. Überall auf der Welt wurde der reinigende, spirituelle Charakter des Salzes hoch geschätzt. So auch in meiner Heimat, in den Bergen meines Heimatlandes.

Heute bin ich wieder im Gebirge, über dem Salz das tief im Inneren des Gesteins wartet. Aber ich bin nicht alleine. Wir sind vierzehn Personen. Auf der Suche nach Reinigung, auf dem Weg zum Salzgeist. Jeder von uns wird eine Hand voll Salz nehmen. Wir reichen dem Salzgeist die Hand. So wird er uns auf eine schamanische Reise tief in sein Reich, tief ins Innere der Berge mitnehmen. Und dort, fernab des Lichtes, der alltäglichen Welt wird er uns zerstören, uns auflösen, uns reinigen. Dann werden wir neu kristallisieren und erneuert und gereinigt voller Dankbarkeit den Weg zurück ins Tal antreten. Wir sind vierzehn Menschen, und jeder wird ein anderes Erlebnis haben. Aber das Thema der Reinigung und die Erfahrung der Auflösung und Neukristallisation werden in uns allen nachhaltig wirken.

Wir sind bereit. Die Rassel beginnt. Drunten im Dunkel, in der Tiefe erwartet uns das mächtige Wesen des Salzes. Der Abstieg beginnt...

(Bergeseminar/Halltal, 1997)

Die Durchführung

Triff alle Vorbereitungen für eine schamanische Reise (im Freien oder in der Natur).

Nimm in die rechte Hand ein wenig Salz.

Bitte dein Krafttier dich zum Salzgeist zu führen.

Gib dem Trommelhelfer ein Zeichen zu beginnen (bzw. starte das Tonband).

Vertraue auf die reinigende Kraft des Salzes.

Bitte den Salzgeist um Auflösung und Neukristallisation.

Nimm dir genügend Zeit (mindestens zwanzig Minuten).

Eine Reise zum Salzgeist

Seminarteilnehmerin E.

"...Wir legen uns warm angezogen in das ausgetrocknete Bachbett unterhalb des kleinen Wasserfalles. Mir wird eiskalt als Georg mit der Rassel beginnt. Der Weg in den Berg ist ganz einfach. Dann bin ich beim Salzgeist. Er ist eine zwergen-ähnliche Wesenheit, runzlig und zerfurcht. Ich werde begrüßt und bitte ihn um Auflösung und Neukristallisation. Da sagt er zu mir ich solle meine weibliche Seite in Ordnung bringen. Kaum hat er das gesagt falle ich wie auf Knopfdruck in tiefen Schlaf und erwache erst als die Rassel das Zeichen zur Rückkehr gibt. es war für mich ein Heilschlaf. Ich fühle mich absolut wohl und bin topfit. Etwas in mir ist in Bewegung geraten..."

Seminarteilnehmer F. berichtet:

"...dann musste ich in einen Salzsee hinein steigen. Aber das muss so was wie Säure gewesen sein. Denn ich habe mich aufgelöst. Erst die Haut, dann das Fleisch...(macht eine lange Pause)...dann die Knochen. Zum Schluss ist dann auch mein Kopf aufgelöst worden. Später bin ich dann irgendwie wieder zusammengesetzt worden. Nach der Reise war ich einerseits angenehm müde, aber zugleich aufgekratzt. Was da geschehen ist kann ich zu diesem Zeitpunkt noch nicht einordnen..."

Die Auflösung ist mitunter eine ähnliche Erfahrung wie die schamanische Zerstückelung. Das Thema ist immer geprägt von Stirb und Werde. Charakteristisch ist der obligate Abstieg in die Finsternis. Dort trifft man auf den Salzgeist von dem man mehr oder weniger freundlich empfangen wird. Schließlich erhält man den Auftrag in einen Salzsee oder Ähnliches hinab zusteigen, in dem sich der Körper völlig aufzulösen beginnt. Wir empfinden diese Auflösung auch körperlich. Oft ist die Erfahrung auch mit Schmerz verbunden. Am Ende jedoch erstehen wir neu, sind gereinigt und von unseren Altlasten befreit.

Diese intensive Erfahrung schafft beste Voraussetzungen um neue Wege einzuschlagen oder unser Leben neu zu organisieren.

Eine Reise zum Berggeist

"...Noch liegt der Gipfel in Wolken. Ich bin fast auf gleicher Höhe zu ihm, wenn auch durch ein kleines Tal von ihm getrennt. Ich sitze und bereite mich auf meinen Besuch beim Berggeist vor. Alles habe ich mitgebracht. Ich räuchere Salbei, dann opfere ich etwas Salz und bitte um die Unterstützung meiner Krafttiere. Ich rufe meine Verbündeten mit der Rassel. Ihr Geräusch verliert sich zwischen den Felsen. Plötzlich, unerwartet reißen die Wolken auseinander und geben den Blick auf den Gipfel gegenüber frei. Oben liegt Schnee. Ich fixiere den Gipfel, das Bild prägt sich mir ein. Dann lege ich mich auf meine Decke und lasse die Reise beginnen.

So nahe dem Himmel ist das Gefühl zu fliegen ein Hammer! Mein Adler trägt mich zum Gipfel des Berges. Unter mir die Täler, Berghänge, Wiesen und vereinzelte Höfe und Felder der Bergbauern. Die Luft zischt, es ist kalt, fast friere ich ein wenig... jetzt bin ich auf dem Gipfel des Berges zu dem ich reisen wollte. Alles ist weiß, nur wenige Felsen. Ich rufe nach dem Geist dieses Ortes. ...Da steht er vor mir...klein, alt, runzlig, aber mit einer Donnerstimme. „Was willst Du?" herrscht er mich an. Ich bin so baff dass ich kein Wort heraus bringe. „Was willst Du!?" Ich glaube er wird ungeduldig. Endlich stelle ich meine Frage. Das stimmt die Wesenheit milder. Lange sitzen wir uns gegenüber. Ich stelle meine Fragen, er gibt Antwort. Zum Schluss, als es nichts mehr zu sagen gibt bitte ich ihn wiederkommen zu dürfen. Der Berggeist nickt, ein leichtes Lächeln um seinen Faltenmund, und schon bin ich auf dem luftigen Rückweg.

Ich erwache wie aus tiefem Schlaf. Etwas benommen setzte ich mich auf und blicke in dichte Wolken, die den Berggipfel auf dem ich gewesen bin nun wieder verhüllen. Beim Rückmarsch ins Tal gehen mir die Fragen und Antworten durch den Kopf. Jetzt, rational betrachtet, waren einige meiner Fragen überflüssig. Aber ich habe auch Antworten erhalten die mir helfen mein Leben besser zu gestalten. Zurück bei der Hütte blicke ich noch einmal zurück zum Gipfel. Er hüllt sich in Wolken, unbarmherzig, aber ich weiß um den Wächter des Berges, weiß um die Wesenheit die auf dem Gipfel wohnt..."

Schlussbemerkung

Die Geister der Berge werden offensichtlich nur selten besucht. Oft erscheinen sie uns, besonders beim ersten Besuch, als mürrische, übel gelaunte, alte, zwergen-ähnliche Gestalten (vielleicht eine Parallele zu den Märchen) die aber mit mächtiger Stimme sprechen. Haben wir erst einmal dargelegt warum wir sie aufsuchen, wechseln die Berggeister meist in einen sehr angenehmen ja freundschaftlichen Ton. So sollte uns ihre anfängliche Schroffheit keinesfalls zur Flucht verleiten (diese Erfahrungen habe ich selbst und auch die Seminarteilnehmer im Rahmen verschiedener Seminare machen können. Dennoch ist dies nur eine Schilderung von Erfahrungen und keine Regel!)

Wer keine Möglichkeit hat die Bergwelt aufzusuchen, sei es aus gesundheitlichen oder geographischen Gründen, so gibt es dennoch eine Möglichkeit die Berggeister kennen zu lernen. Vergessen wir nicht dass es sich um Reisen in der Mittleren Welt handelt. Alles was wir brauchen ist eine Verbindung zu dem Ort an den wir reisen wollen. Natürlich ist das direkte Erleben vor Ort meist intensiver und aufregender. Aber, macht man aus der Not eine Tugend, so ist das Reisen eben auch von zu Hause aus möglich (aber wirklich nur wenn sonst keine Möglichkeit besteht).

Als Verbindung eignen sich besonders gut: Fotos, Steine von dem jeweiligen Berg oder die Kombination aus beidem. Wieder muss jeder für sich selbst das Experiment wagen. Übung ist alles, und der Erfolg spornt an.

Hilfestellung bei Reiseproblemen

Wieder gilt: Logisch denken und handeln. Wir müssen aktiv sein.

Lassen wir uns von unseren Krafttieren führen haben wir die besten Guides die uns sicher dorthin bringen wohin wir wollen (oder sollen).

Wie bei allen anderen Reisen ist zu Beginn die Phantasie oder Visualisation hilfreich. Dann übernimmt die Nichtalltägliche Wirklichkeit die Regie und wir werden zu staunenden Akteuren in einer Welt die wir gerade Mal zu erforschen begonnen haben!

Wichtig ist auch die schamanische Disziplin. Sie sollte vor all unseren Reisen, egal wohin, als Kontrolle fungieren.

Wo gehe ich hin?

(zum Berggeist. In die UW. In die OW. Zum Lehrer usw. ...)

Warum gehe ich dort hin?

(Um eine Frage zu stellen. Mich behandeln zu lassen. Mich umzusehen. usw. ...)

Wenn wir uns vor jeder Reise diese Fragen stellen werden wir zielgerichteter und klarer sein. Wenn ich eine Antwort nicht verstehe war vermutlich meine Frage unklar. Wenn ich mich in der Schamanischen Welt nicht zu Recht finde oder verlaufe war mein Ziel nicht klar. Denken wir logisch, handeln wir logisch und vertrauen wir auf unsere Vision. So wird jede Reise, egal in welchen Bereich der schamanischen Welt, zum Abenteuer mit hohem Niveau aus dem wir lernen können und Hilfestellung für unser alltägliches Leben bekommen.

Kapitel XI
Seelenarbeit

1. Wenn die Seele sich verirrt

Wir erinnern uns an das Thema Seelenverlust und Seelenrückholung in Kapitel VII. Wir wissen, dass die Seele eine gewisse Eigendynamik besitzt. So kann sie sich bei einem traumatischen Erlebnis in einem Nahtodes- oder Schockzustand fühlen und sich aus reinem Selbstschutz zurückziehen. Oft kommt sie dann nicht vollständig zurück. Ein oder mehrere Seelenteile hängen fest.

Nun behandeln wir aber ein Kapitel das vor allem jene Menschen betrifft, die, ganz einfach und unwissenschaftlich, tot sind. Aber, und da liegt das Problem, sie wissen es nicht! Zum besseren Verständnis: Jemand, der genügend Zeit gehabt hat sich auf sein Ableben vorzubereiten, wird naturgemäß die besseren Voraussetzungen haben um seine Seele zu übergeben als jemand der vom Tode überrascht wird. Man denke nur an die Opfer von Verbrechen und Kriegen sowie an die zahllosen Todesopfer welche unsere Straßen täglich fordern.

So kann es vorkommen und das nicht gerade selten, dass die Seelen Verstorbener in der Mittlern Welt quasi hängen bleiben. Wir, wenn wir die Mittlere Welt im schamanischen Bewusstseinszustand betrachten können mitunter solchen Seelen begegnen und stehen dann vor der Aufgabe (die wir nicht zwangsläufig übernehmen müssen) der Seele zu helfen. Um dies zu können müssen wir jedoch über einiges an Basiswissen verfügen.

2. Von Poltergeistern und Schlossgespenstern

Jeder kennt die berühmten Gespenstergeschichten. Jedes Schloss hat seinen Geist, in jeder Burg treiben Gespenster ihr Unwesen. Auch die Poltergeist-phänomene sind bekannt. In jenem Haus gehen Lichter an und aus. Türen schließen sich von selbst, Bilder fallen von den Wänden und Klopfgeräusche machen ein Bewohnen des Hauses unmöglich. Wesentlich weniger spektakulär sind die herkömmlichen und wesentlich häufigeren Probleme die uns Lebenden die verirrten Seelen bereiten.

Fast jeder hat schon einmal von den folgenden, exemplarischen Beispielen in der einen oder anderen Version gehört:

...seit Opa gestorben ist fühle ich mich in dem Haus nicht mehr wohl... (allein, beobachtet usw. ...)

...der Hund geht immer in das Zimmer von Oma und heult dort für ein, zwei Stunden...(oder legt sich immer auf eine bestimmte Stelle, macht Männchen usw. ...)

...jede Nacht habe ich das Gefühl, dass sich jemand neben mich aufs Bett setzt...(oder im Raum ist)

...Manchmal wird es in dem Zimmer ohne erkennbaren Grund entsetzlich kalt...

...Ich träume jede Nacht von ihm/ihr (dem Verstorbenen)

...Obwohl die Straße kerzengerade ist passieren dort immer wieder schwere Unfälle...

Es gäbe noch viele ähnliche Beispiele denen fast immer dasselbe Phänomen zu Grunde liegt. Jemand der gestorben ist, weiß nicht dass dies der Fall ist und findet sich in einem nicht enden wollenden (Alp-) Traum. In diesem Traum versucht die Seele der betreffenden Person, da sie noch an den Intellekt gebunden ist, sich bemerkbar zu machen. Diese Verirrten sind verwirrt, verbittert manchmal uneinsichtig oder sogar stur. Kein Wunder.

3. Wie erkennen?

Meist findet man diese Verirrten in der Mittleren Welt. Und, wo sonst, an dem Ort an dem sie früher gelebt haben. Sie haben den Umstand ihres Todes nicht erkannt und wissen nicht um ihr Ableben. Ebenso können sie die Tatsache verdrängen.

Wenn man ihnen als Leser morgen präsentiert, dass sie bereits tot sind und in die Reihen der Ahnen gehören, würden sie auch zweifeln! Vor allem wenn sie sich zwar verwirrt, aber sozusagen springlebendig fühlen. Sie würden alles daran setzten ihre Realität, die Realität der Existenz des physischen Körpers, bestätigt zu bekommen.

Wenn wir, was auch zufällig geschehen kann, auf einer Reise in der Mittleren Welt einer solchen „Person" begegnen, werden wir diese nur bedingt erkennen. Aber folgende Richtlinien können helfen: Oft nimmt man die Seelen der Verstorbenen als Person war. Kenne ich die Person und weiß ich auch dass sie verstorben ist, dann ist völlig klar dass sie noch fest hängt. Kenne ich die Person nicht, so helfen natürlich unsere Krafttiere mit ihrem Rat. Dazu sei gesagt dass uns die Krafttiere leiten und wenn wir unter ihrer Leitung mit dieser Thematik konfrontiert werden, so können wir sicher sein auch konkrete Anweisungen von ihnen zu erhalten. Nie werden wir völlig hilflos einer Situation gegenüberstehen.

4. Seelenarbeit als Auftrag

Wenn mann/frau sich dazu berufen fühlt sich der Seelen von Verstorbenen anzunehmen so sollte er/sie dennoch zuerst vom Krafttier die Bestätigung einholen für diese Tätigkeit geeignet zu sein. Vorsicht vor dem eigenen Ego! Zwischen dem was wir gerne täten und dem was wir tun sollen liegen mitunter Welten!

Um Seelen den Übergang in, ich nenne es „das andere Land" zu ermöglichen, muss der Ablauf der „Rettungsaktion" mit den Krafttieren besprochen und koordiniert werden. Denn nur unseren Verbündeten ist es möglich die Grenze zwischen Leben und Tod zu überschreiten.

Wir physischen Lebensformen auf Kohlenstoffbasis erlangen diese Möglichkeit erst mit dem Ablegen unserer physischen Hülle, unseres Körpers, der uns als Werkzeug dient solange wir auf dieser Welt sind. Dass unser Körper nur sinnloser Ballast sei, den wir noch in unserem irdischen Leben zu verlassen suchen sollten halte ich, pardon und in Verneigung vor so mancher Religionsgemeinschaft, schlichtweg für grob fahrlässigen Schwachsinn.

Nur unsere Krafttiere können, wie erwähnt, diese magische Grenze zwischen den Seinsformen überschreiten. Wir selbst erreichen diese Grenze auf der Reise zum eigenen Tod, die ich in Kapitel XIII noch kurz erläutern werde. Im Rahmen unserer Seelenarbeit ist es uns immerhin vergönnt die Seelen der Verstorbenen bis an jene Grenze zu geleiten und sie dort unseren Krafttieren zu übergeben. Eine andere, von mir bevorzugte, aber ebenso effektive Methode ist, die Verstorbenen gleich vor Ort den Krafttieren anzuvertrauen.

Einen Verstorbenen dazu zu bringen meinem Krafttier, dem Puma zu folgen bedarf natürlich einiger Überzeugungsarbeit. Denn die Altbäuerin aus dem Zillertal, die bei einem Lawinenabgang 1898 ums Leben gekommen ist hat natürlich keine Ahnung von Schamanismus und ein schwarzer Puma macht ihr Angst. Aber, im Gespräch zeigen sich die Verirrten meist zugänglich und wenn man ihr Vertrauen gewonnen und sie überzeugen konnte, übernehmen die Krafttiere die Regie. Interessant in diesem Zusammenhang ist die Fähigkeit der Verstorbenen unsere Krafttiere ohne Probleme wahrzunehmen, was für ihren veränderten Bewusstseinszustand spricht. Also ist dies auch der Beweis dafür dass sie die Alltägliche Wirklichkeit bereits verlassen haben. Dass sie uns immer noch als Körper erscheinen, obwohl dieser schon funktionslos in einigen Metern Tiefe in Auflösung begriffen ist, ist weiteres Indiz dafür wie fremd sie der Normalwelt geworden sind.

Die Arbeit mit den Seelen von Verstorbenen ist sicher einigen wenigen vorbehalten. Ich selbst tue diese Arbeit immer wieder gerne, weil sie wichtig ist und den Seelen wirklich hilft. Auch den Lebenden, denn die oben angeführten Erscheinungen (z.B. Poltergeistphänomene) verschwinden meist gleichzeitig mit der erfolgten Seelenarbeit.

Ich möchte aber noch einmal darauf hinweisen, dass die Entscheidung sich der Seelenarbeit zu widmen allein von unseren Verbündeten abhängt.

5. Vorbereitung und Durchführung: (Reise in die Mittlere Welt)

Haben unsere Krafttiere ihre Unterstützung zugesagt sind drei Abschnitte in der Arbeit mit den Seelen Verstorbener zu beachten.

a. Die Absprache mit den Verbündeten wo die Seelen zu übergeben sind

Δ in der Unteren Welt - vorher den Ort von den Krafttieren zeigen lassen

Δ in der Mittleren Welt - die Krafttiere begleiten uns ständig

b. Finden der Seele in der Mittleren Welt

Δ Der Seele die Situation erklären

Δ Eventuelle Botschaften der Seele entgegennehmen

Δ Die Seele in die Untere Welt begleiten, wo sie an der Grenze von den Krafttieren übernommen wird, oder -

Δ Die Seele schon in der Mittleren Welt den Krafttieren übergeben

c. Wenn nötig dem Angehörigen den Verlauf der Seelenarbeit berichten.

Δ Allfällige Botschaften übermitteln

Natürlich ist die Arbeit mit Seelen Verstorbener wesentlich komplexer als ich sie hier beschreiben kann. Wie immer sind die Fälle verschieden. Das folgende Beispiel soll nur der Vollständigkeit halber erwähnt sein, stellt aber natürlich keinen Regelfall dar.

Seelenarbeit 1999

..ich (der Autor) trete in Wohnzimmer...nachdem ich mich mit der Mieterin besprochen habe gehe ich in den schamanischen Bewusstseinszustand und kann im Schlafzimmer eine Person ausmachen. Ich sehe eine alte Frau am Bettrand sitzen, die sich mir als Großmutter der Mieterin vorstellt. Dazu sagt sie noch einen Namen mit dem zunächst nichts anfangen kann. Ich erkläre ihr die Situation und, obwohl zu Anfang verwirrt und ängstlich stimmt sie zu meinem Krafttier zu folgen. Als ich später die Frau beschreibe bestätigt die Mieterin dass es sich um ihre Großmutter handeln muss. Das Bett im Schlafzimmer ist das Bett der Großmutter. (auch ihr Sterbebett). Das erfahre ich im Nachhinein. Der Name den sie mir gesagt hat ist der Name des Hundes der Mieterin. Ich wusste nichts von ihrem Hund. Dann unterhalte ich mich mit einer Seele im Wohnzimmer. Ich kann einen jungen Mann erkennen, vielleicht um die zwanzig. Er ist aggressiv, versteht mich erst nicht. Er sagt mir, dass seine Familie im Keller des Hauses sei. Ich muss ihm versprechen seine Familie nachzuschicken. Es folgt die gleiche Prozedur wie bei der Großmutter. Der junge Mann hat mir den Keller beschrieben. Ich gehe mit der Mieterin in den Keller. (das Haus ist aus dem 15. Jhdt.) Der Keller entspricht dem was mir der junge Mann gesagt hat...

(das Haus liegt nahe an einem größeren Bach, der im Mittelalter häufig Hochwasser führte. Zahlreiche Murenabgänge haben vielen Menschen das Leben gekostet. Das Haus liegt nahe der alten Stadtmauer)

Nicht immer sind die Geschichten, die mit der Seelenarbeit verbunden sind spektakulär. Heutzutage sind viele Probleme ganz banalen Ursprunges.

Wichtig bei der Arbeit mit Seelen ist sich von der Täter-Opfer Betrachtung zu lösen. Es spielt keine Rolle! Als Beispiel betrachte man den Fall des Konzentrationslagers Mauthausen: Bei einer schamanischen Reise zum Zwecke der Seelenarbeit sah sich ein Seminarteilnehmer einem Nazioffizier gegenüber. Im ersten Moment, gerade in diesem speziellen Umfeld, wäre man geneigt den Offizier zu verdammen. Irgendetwas in uns sagt, dass er den ewigen Frieden oder was auch immer nach unserem Tode kommen mag, nicht verdient hat. Letztendlich hing seine Seele genauso fest wie die seiner Opfer. Es liegt nicht an uns zu urteilen und zu richten! Wir haben nur die Aufgabe zu helfen.

6. Hilfestellung bei Reiseproblemen

Prinzipiell: Wie bei MW - Reise

Ansonsten sind bei sämtlichen Unklarheiten die Krafttiere zu kontaktieren.

Kapitel XII
Für Fortgeschrittene

1. Übung und Stil

Wie bei jeder Technik entwickelt der Praktizierende mit der Zeit seinen eigenen Stil. Natürlich bringt regelmäßiges Üben Vortcilc. Aber man sollte sich stets der Tragweite seiner Erlebnisse in der schamanischen Welt bewusst sein. Vergessen wir nicht, dass unser Besuch in jener Welt auch einen Einfluss auf die Alltägliche Wirklichkeit ausübt.

Wer nur in der materiellen Welt lebt ist meist unglücklich und verwirrt - wer nur in der spirituellen Welt lebt ist oft ebenso unglücklich und verwirrt. Die Kunst liegt darin diese Welten zu vereinen und nicht, wie uns so manche Sekten glauben machen wollen, die eine gegen die andere einzutauschen.

2. Kommunikation mit Pflanzenwesen

Neunzig Prozent der schamanischen Arbeit ist Kommunikation. Wir suchen das Gespräch mit den Spirits und erbitten uns von ihnen Rat und Hilfe. Auch die Wesenheiten der Pflanzen können weise Ratgeber für uns sein. Sie sagen uns genau wie wir die Pflanze verwenden sollen. Somit gewinnt ein simpler Wacholderbusch an Wichtigkeit für uns. Denn wir unterscheiden mehr als nur die Art der Pflanze. Wir sind in der Lage auch das Wesen der Pflanze, deren Persönlichkeit, zu erkennen, und mehr noch, wir haben die Möglichkeit mit diesem Wesen zu kommunizieren.

Allein die Überlegung welche Masse von Heilpflanzen wir kennen führt uns die unzähligen Möglichkeiten vor Augen die wir haben. Nicht nur der chemische Inhaltsstoff ist interessant für uns, sondern vor allem auch die Botschaft der Pflanze. Ein weites Feld um zu experimentieren, zu üben und zu kommunizieren!

So kann sich jemand, der das schamanische Reisen gut beherrscht und sich seiner Wahrnehmung sicher ist, auf die Arbeit mit den Pflanzengeistern spezialisieren. Ein wirklich umfassendes Gebiet!

Prinzipiell sind diese Reisen Mittlere Welt Reisen, welche wir im günstigsten Fall vor Ort durchführen. Nahe der Pflanze, an dem Ort an welchem sie natürlich gedeiht haben wir die Möglichkeit in direkten Kontakt mit ihr zu treten. Jeder ist selbst aufgefordert diese Nähe zur Pflanze zu suchen. Besinnen wir uns auf den Weg der uns zur Natur, zur eigenen Mitte führt. Besinnen wir uns auf die Kreisbahnen und unsere Wahl, die wir getroffen haben und die uns konstant zu uns selbst und zur Natur führt. Im Kontakt zu den Wesenheiten die in allem um uns wohnen haben wir die beste Voraussetzung diesen Weg auch wirklich zu beschreiten. So wird aus einem Wunsch echtes Tun. So entsteht aus dem Drang der in uns herrscht zielgerichtete Energie. Sie lässt die Angst zur Aufmerksamkeit werden, die uns das bewusste Wahrnehmen der uns umgebenden Welt ermöglicht. Wir kommen aus der Natur. Und die Natur erkennen heisst sich selbst erkennen. Mit der Natur zu kommunizieren bedeutet auch mit seinem Innersten zu kommunizieren und bietet gleichzeitig eine Chance seine ganz persönlichen Wurzeln zu finden!

3. Kommunikation mit Steinwesen

Der Vollständigkeit halber sei noch auf die Möglichkeit hingewiesen mit den Wesenheiten von Steinen in Kontakt zu treten. (natürlich auch mit Halbedelsteinen usw.) Aber dem aufmerksamen Leser und schamanisch Praktizierenden müsste bereits klar sein, dass die Möglichkeiten schier unbegrenzt sind. Auf alle Fälle gewinnen unsere Kraftobjekte (Steine) noch mehr an Bedeutung. Ebenso sind wir angehalten uns auf die wirklich wichtigen schamanischen Werkzeuge die wir benutzen zu konzentrieren. Oft sammeln wir bis zum Gehtnichtmehr und in unseren Regalen landen die Fundstücke aus Bach und Wald als nutzlose Staubfänger von denen wir gar nicht mehr wissen woher wir sie haben. Wir haben keine Verbindung dazu. Maximal oberflächlich betrachten wir diese Dinge als schön, tiefere Verbindung fühlen wir keine. Geben wir sie zurück! Denn alles was wir aus der Natur nehmen ist letzten Endes nur geborgt. Dieser Tatsache sollten wir uns bewusst sein wenn wir das nächste Mal einen bunten Stein im Bachbett finden, der, sobald er trocken ist, nur noch grau und unansehnlich als Briefbeschwerer endet. In seiner Umgebung jedoch hat er uns knapp unter der Wasseroberfläche liegend mit seinem Farbenspiel verzaubert. Sein Wesen haben wir nicht erfahren, weil wir ihn besitzen wollten. Ein sinnloser Wunsch! Hätten wir zu ihm gesprochen, seine Wesenheit erfahren, hätten wir mit ihm kommuniziert. Wie viel schwerer würde die Erfahrung wiegen und wie würde dann unsere Verbindung zu dem Wald, dem Bach, dem Stein sein?

...Alles was ist, ist lebendig...

Kapitel XIII
Geburt, Tod und was
dazwischen liegt

1. Grundsätzliches

Was wäre das Leben ohne den Tod? Schließlich ist er es der unser irdisches Leben in Relation setzt. Tod und Wiedergeburt (nicht im karmischen Sinn) sind natürlich wichtige Themen in der schamanischen Arbeit. Viele Erfahrungen die wir in der Nichtalltäglichen Wirklichkeit erleben stehen mit dieser Thematik in Zusammenhang. Natürlich sind wir uns nicht immer dieses Zusammenhanges bewusst. Letztlich dreht sich aber so ziemlich alles um das Thema Tod und Neugeburt.

Der Suchende verlässt eine Kreisbahn auf der er sich befunden hat. Er muss sich dabei zwangsläufig mit Verlust auseinandersetzen. Dies kommt dem Sterben der alten Persönlichkeit nahe, dem Verlieren von alten Verhaltensmustern und Masken. Dann folgt die Zeit des Überganges, in der wir treiben, oft im Nebel, im Ungewissen. Aber am Ende werden wir auf einer neuen, bisher unbekannten Kreisbahn wieder geboren. Und diese Kreisbahn liegt näher der Mitte, dem Zentrum allen Seins. Ohne Loslassen, ohne Tod und Verlust können wir uns nicht weiter entwickeln.

Geburt und Tod sind nicht etwa zwei unterschiedliche Türen, nein, vielmehr ist es eine Einzige und je nachdem auf welcher Seite der Türe sich der Betrachter befindet, erscheint ihm die Entwicklung des anderen als Tod oder als Geburt, als Gehen und Kommen.

2. Die Schamanische Zerstückelung

Eine der erschütterndsten Erfahrungen die man in der schamanischen Welt machen kann, ist die der Zerstückelung. Es klingt wie`s ist. Darum möchte ich nicht zu viel über die Details verlieren. Aber soviel sei gesagt: Wird jemandem im Rahmen einer schamanischen Reise in der Oberen Welt das Geschenk der Zerstückelung zu Teil, so sollte er dieses Geschenk hoch schätzen! Die Zerstörung des physischen Körpers, die Wiederauferstehung desselben ist gleichzusetzen mit absoluter Reinigung. Ähnlich wie die Auflösung beim Salzgeist erfahren wir hierbei ein Initiationserlebnis. Wenn nicht das klassische Initiationserlebnis schlechthin.

Dieses Bild von Stirb und Werde, diese Erfahrung zieht sich durch sämtliche schamanisierenden Kulturen. Überall finden wir dieses Erlebnis und überall wird dieser Erfahrung größter Wert beigemessen.

Natürlich ist die Erfahrung heftig. Und ausgehend von der Tatsache dass unsere Erlebnisse in der schamanischen Welt auch Einfluss auf die Alltägliche Wirklichkeit haben ist es nur logisch, dass wir auch körperliche Effekte erleben können. Aber keine Angst: Auch wenn das Erlebnis fordernd und die körperlichen Effekte massiv sein können, auch wenn vieles in uns zum Vorschein kommt, wenn Blockaden aufbrechen und unsere Emotionen wie eine Flutwelle über unser altes Ich hinwegdonnern - letztendlich erstehen wir neu und befreit. Nützen wir die Chance, haben wir den Mut diese Erfahrung zu machen! Freilich kann man diese Erfahrung nur erbitten, nicht aber bewusst herbeiführen. Aber wir sollten bereit sein, sollten wissen dass diese Erfahrung ein großes Geschenk, eine große Chance auf unserem Weg zur Mitte ist.

Zerstückelung

"...Die Gestalten die mich an diesen Altar gefesselt hatten konnte ich nur als dunkle, sich schnell bewegende Schatten erkennen, doch was sie in Händen hielten sah ich überdeutlich. Mit riesigen Messern machten sich diese Wesen von allen Seiten an meinem Körper zu schaffen. Zwar empfand ich keinen Schmerz, als sie begannen mein Fleisch schichtweise von meinen Knochen zu trennen, aber ich fühlte eine Entsprechung des Schmerzes. Mit jedem Stück Gewebe das ich verlor fühlte ich Erleichterung. Ich verfolgte die einzelnen Stufen meiner Auflösung weiter, fasziniert und gleichzeitig angeekelt sah ich wie meine Adern sich aus meinem Fleisch lösten, ich sah die verschiedenen Hautschichten wie sie abgetragen und entfernt wurden, fühlte, wie die dünne, gelbliche Beinhaut von meinen Knochen gezogen wurde. Bald schon war ich fein säuberlich vom Fleisch befreit worden. Was mit meinem Kopf geschehen war, konnte ich nur erraten. Zwar hatte ich ein Zerren und Schneiden im Gesicht gefühlt, doch schienen meine Augen weiter intakt zu sein, auch wenn das „Sehen" sich verändert hatte. Meine Wahrnehmung zu diesem Zeitpunkt wechselte, ich nahm mich wahr, so wie Menschen sich vielleicht bei Nahtoderlebnissen sehen. Von einer Stelle etwas über dem Geschehen war ich zum Beobachter einer grausigen Szene geworden, deren Mittelpunkt die Zerstörung meines physischen Körpers war. Meine Knochen waren glänzend weiß und wurden nun von den Nebelwesen mit einer Art Mahlstein zerstoßen und zu einem weißen Pulver zermahlen. Nichts von mir blieb übrig. Mein ganzer Körper war zerlegt, auseinander genommen und zermahlen worden, rings um den Marmorblock lagen Teile meines Körpers, fein säuberlich sortiert, fast wie in einer Autowerkstatt. Die Faszination über dieses Geschehen siegte über meine Angst, einzig die Frage ob ich wohl jemals wieder ganz sein würde beschäftigte kurz mein rationales Denken. Plötzlich wechselte das Szenario, und ich nahm wahr wie ich mit rasender Geschwindigkeit über eine Moorlandschaft mit kleinen Seen und Schilfgras hinweg flog. Ich hatte das Gefühl diesen Flug ohne meinen Körper, der war ja zerstört, nur mit meinem Geist zu unternehmen. Mein Flug endete über einer von kleinen Tümpeln und Pfützen unterbrochenen Mooslandschaft, und aus einiger Entfernung sah ich wie von unsichtbaren Händen ein weißes Pulver, ich wusste irgendwie dass es die „Essenz" meines physischen Körpers war, auf das Moos gestreut wurde. Die unsichtbare Hand zeichnete mit dem weißen Pulver menschliche Umrisse auf den moosigen Grund. Ich wurde näher zu dieser Stelle gezogen, konnte das folgende Geschehen aus nächster Nähe betrachten. Die weiße Menschengestalt im satten Grün des Mooses wurde in das Moos hineingesaugt, aber als es fast im Grund verschwunden war, wölbte sich immer deutlicher der Umriss eines menschlichen Skelettes aus dem Boden. Erst noch grün, und voll von Moos, dann begannen die Knochen durch die grüne Decke zu brechen. Ich erkannte Rippen und Becken, da kamen Fingergelenke aus dem Moos zum Vorschein, dort eine Kniescheibe, ein Unterschenkel, Elle und Speiche, der Schädel wuchs aus dem Moos und grinste mich mit dunklen Augenhöhlen an. In mir ging alles drunter und drüber, Abscheu und Faszination, Trauer und Freude kämpften um die Vorherrschaft in mir. Noch nie war ich mit meiner eigenen Sterblichkeit in solch massiver Form konfrontiert worden.

Vor meinem geistigen Auge wuchs ein Skelett, mein Skelett aus dem Boden, gewann mehr und mehr an Form, verlor den Moosbewuchs, fügte sich zusammen, wurde weißer und weißer, wie ein umgekehrter Verwesungsprozess. Nicht lange blickte ich auf das Weiß meiner Knochen, da bildete sich rund um die Knochen neues, rosiges Gewebe, flochten sich Arterien und Venen ein, füllten Organe des Brustkorb, begann schon Blut zu zirkulieren um das neue Gewebe mit Nahrung zu versorgen. Noch bevor sich die verschiedenen Hautschichten über das neue Fleisch rollten, stürzte ich von meinem Beobachtungsposten in diesen neuen, verwundbaren Körper hinein. Und im Moment des Zusammentreffens, in der Sekunde des Verschmelzens, im Moment des ersten Atemzuges in diesem neuen Organismus, fühlte ich einen durchdringenden, heißen Schmerz der in alle Bereiche meines Bewusstseins vordrang und mich mit jeder Faser meines Körpers neu verband..."

(„Auf den Spuren des Geisterjaguars", Veth-Verlag)

Seine schamanische Zerstückelung zu erleben ist, wie erwähnt, ein Geschenk. Weder können wir dieses Erlebnis bewusst herbeiführen noch können wir es beeinflussen. Wir können nur unseren Lehrer in der Oberen Welt darum bitten. Aber es entscheiden die Spirits ob wir bereit für eine solch tiefgreifende Erfahrung sind.

3. Die Reise zum eigenen Tod

Da es sich hierbei um eine Technik handelt die meiner Erfahrung nach nur für Fortgeschrittene geeignet ist, erwähne ich sie nur kurz ohne intensiv auf die Einzelheiten einzugehen oder die Technik im Detail zu beschreiben. Wenn jemand diese Erfahrung machen möchte so kann er das im Rahmen von Seminaren oder Beratungen tun. Denn hier dringen wir in Bereiche vor, in denen der Trommelhelfer viel Verantwortung trägt und in denen die Techniken umfangreicher Vorbereitungen bedürfen. Zudem ist diese Technik ein wichtiger Teil innerhalb eines Kontextes der Selbstfindung und Relativierung des bisherigen Lebens. Zu unbedacht wird oft mit dieser Technik experimentiert, was den Betreffenden in große Verwirrung stürzen kann, zumal meist die professionelle Begleitung leider fehlt oder mangelhaft ist.

Soviel sei dazu gesagt: Uns allen ist bewusst dass der Tod das Leben relativiert. Wir alle haben von Menschen gelesen oder kennen vielleicht sogar solche persönlich, die durch ein Nahtoderlebnis quasi geläutert wurden und seither ein besseres, oft auch sehr spirituelles Leben führen. Die Fälle sind bekannt: Ein Mann, zuvor machtgierig, geizig, selbstsüchtig, hat einen schweren Unfall. Er schwankt zwischen Leben und Tod, macht die aus Berichten bekannte Erfahrung zwischen den Welten zu sein (vgl. Kübler-Ross). Nachdem er aus dem Koma erwacht ist ändert er sein Leben völlig. Was vorher beherrschend und wichtig war tritt nunmehr in den Hintergrund. Der Mann besinnt sich auf die wirklich wichtigen Dinge des Lebens, er geht nunmehr einen Weg mit Herz, den Weg zu seiner ganz persönlichen Mitte. Wir bewundern ihn, insgeheim beneiden wir ihn um sein jetziges Leben (natürlich beneiden wir ihn nicht um seinen Unfall, die Zeit des Komas, die Rehabilitationsphase usw.) Eine andere Person hat ein Nahtoderlebnis bei einer Operation. Wieder (natürlich nicht bei allen Menschen denen so etwas widerfährt) beobachten wir dass der Mensch sein Leben verändert. Insgeheim wünschen wir uns auch eine Veränderung in diese Richtung. Allerdings währe es töricht darauf zu warten, bis wir einen schweren Unfall erleiden um dann unser Leben ändern zu können. Ebenso sinnlos wäre der Versuch einen Unfall herbeizuführen um in den Genuss einer solchen Erfahrung und der damit verbundenen Änderung unseres Lebens zu kommen.

Wenn wir uns an das Kapitel VI erinnern, an die Ausführungen unsere Realität des Wasserglases betreffend, dann leuchtet ein, dass unsere Möglichkeiten eine solch relativierende und einschneidende Erfahrung zu machen innerhalb unseres alltäglichen Erlebensraumes natürlicher Weise begrenzt, wenn nicht sogar gar unmöglich ist.

Erinnern wir uns weiter: Wenn wir das Wasserglas, sprich die alltägliche Realität verlassen, dann haben wir sehr wohl die Möglichkeit Erfahrungen zu machen, die wiederum einen Einfluss auf die Alltagsrealität, also unser Leben haben. Im Klartext: Wenn wir außerhalb der alltäglichen Realität eine Nahtoderfahrung machen wirkt diese gleich radikal und einschneidend auf unser Leben als wie wenn wir sie in der normalen Alltagsrealität machen würden. Dies klingt für die meisten unglaubwürdig. Warum? Zwei Faktoren sind ausschlaggebend:

1. die Qualität der bisher gemachten schamanischen Erfahrungen, also die Praxis die der Einzelne hat und

2. die Fähigkeit seiner eigenen Vision zu vertrauen.

Fehlt es an schamanischer Praxis, kann der Betreffende die Erfahrung nicht verarbeiten. Mangelt es an Selbstvertrauen und an Vertrauen in die eigene Vision (was so ziemlich das selbe ist) wird die Erfahrung wenig Einfluss auf das Leben zeigen. Aber wir sollten einfach denken. Und so zeigt die Erfahrung, dass ja nicht wir es sind die über die zu machenden Erfahrungen entscheiden. Letztendlich sind es die Verbündeten in der schamanischen Welt die uns Visionen gewähren. Diese Tatsache funktioniert wie eine Sicherung die uns vor einem „Zuviel" an Erlebnis schützt. Wenn wir trotz mangelndem Selbstvertrauen und psychischer Instabilität mit Visionen konfrontiert werden die uns völlig verwirren und Angst machen und uns ins pathologische Eck platzieren, dann können wir sicher sein, dass nicht unsere Verbündeten die Urheber dieser Visionen sind. Dann sollten wir uns überlegen professionelle Hilfe aufzusuchen. Denn unsere Verbündeten würden uns nie gefährden oder schaden. Vergessen wir nicht die Kraft der Emotionen, und vergessen wir nicht dass es einen gewaltigen Unterschied zwischen den bewusst erlebten Visionen eines schamanisch Praktizierenden und der verzerrten Weltsicht des Kranken gibt.

Zurück zum Thema des eigenen Todes. Im Rahmen einer schamanischen Reise kann der Prozess des Sterbens selbst erlebt werden. Natürlich leben wir, ebenso natürlich ist es uns nicht möglich die letzte Grenze zu überschreiten (auch nicht bei viel gutem Willen). Aber wir erleben den Tod, erleben wie sich die Lebensenergie zentriert. Eine wahrlich gespaltene Situation in der wir uns dann befinden. Einerseits sind wir uns bewusst dass wir in einem Zimmer, auf unserer Decke liegen, andererseits verlieren wir unseren Körper. Die Reise dauert lange, meist eine Stunde, das Zurückkommen ist oft schwierig, die Nachbearbeitungsphase in der das Erlebte integriert werden soll nimmt ebenfalls viel Zeit in Anspruch. Es sei auch darauf hingewiesen, dass es nicht darum geht etwa Zeitpunkt oder die Art des eigenen Sterbens zu erfahren (was so auch gar nicht möglich ist) sondern um die ganzheitliche Erfahrung des Vorganges selbst.

4. Warum wir das Sterben üben?

Wenn wir uns vor Augen führen in welchem Maße die moderne Gesellschaft Tod und Sterben tabuisiert, so scheint es nur recht und billig zu sein sich selbst um die Belange des eigenen Sterbens zu kümmern. Wir üben das Sterben aus zweierlei Gründen:

1. Der Tod relativiert das Leben und führt uns vor Augen was wirklich wichtig ist, zugleich macht er uns für viele Banalitäten des täglichen Lebens unberührbar, das bedeutet wir verschwenden weniger Energie für Sinnlosigkeiten. Er wird selbst zu unserem Verbündeten, unserem Lehrer, Ratgeber und Freund.

2. Wenn wir schlussendlich sterben (was ja ganz natürlich ist) so sind wir auf den Vorgang besser vorbereitet. Wir wissen was geschieht, sind weniger verwirrt, verängstigt usw. und können uns wirklich darauf konzentrieren die eine, im Leben unüberwindbare Grenze zu überschreiten. Unser Körper erinnert sich an das Geübte, wir kennen den Vorgang bereits und bauen somit keinen unnötigen Stress oder Angst auf.

Wie die Crew eines Schiffes haben wir den Ausstieg in die Rettungsboote geübt. Der Körper ist am Ende ein sinkendes Schiff, aber wir wissen wie man dieses Schiff verlässt, ohne Panik, ganz in Ruhe.

Noch einmal sei darauf hingewiesen dass diese Techniken am besten im Rahmen Einzelseminars oder einer Beratung angewandt werden sollten.

5. Ein sensibles Thema

Mit Absicht führe ich hier keine Berichte an. Denn diese Erfahrung sollte wirklich unbeeinflusst von den Erfahrungen anderer gemacht werden. Im Übrigen halte ich besonders die Erfahrung des eigenen Todes für etwas sehr intimes und persönliches. Und auch wenn sich am Ende die Berichte stark ähneln, so sind sie doch mit Respekt zu behandelnde reale Erlebnisse einzelner Menschen in denen sich viele Ängste und die Hoffnung auf ein Leben danach widerspiegeln. Hier berühren wir auch sehr sensible Themen die sich mit der Frage nach Gott, Religion und eben der Urangst des Menschen vor dem Nichts auseinandersetzen.

Wie bereits erwähnt hat jeder Mensch seine persönliche Geschwindigkeit und seinen ganz persönlichen Zeitpunkt. Wenn es sein soll werden wir auch diese Erfahrungen machen können und daraus profitieren. Wenn wir die Chance die sich bietet nutzen, so können wir unserem Leben eine neue Richtung geben und erkennen worum es eigentlich wirklich geht.

Kapitel XIV
Schamanische Reisen und Halluzinogene

1. Einführung in ein brisantes Themengebiet

Vorab möchte ich feststellen, dass ich hier weder Anleitung zum Gebrauch halluzinogener Pflanzen gebe, noch zum Gebrauch solcher Pflanzen oder anderer Drogen rate. Da ich ein Anhänger des „klaren Kopfes" bin distanziere ich mich hiermit ausdrücklich von Drogenmissbrauch jeglicher Art auch dem Missbrauch von natürlichen Drogen. Da jedoch einige Autoren die sich mit dem Thema Schamanismus auseinandersetzen den Gebrauch solcher halluzinogener Substanzen einfach unter den Tisch fallen lassen um ein aufgearbeitetes, angepasstes Bild des weltweiten Schamanismus, quasi für den Hausgebrauch, zu zeigen fühle ich mich verpflichtet auch diese Seite der schamanischen Praxis zu behandeln. Aber schon zu Beginn dieses Kapitels sei gesagt, dass sich der Gebrauch solcher Hilfsmittel meist auf die unzugänglichen Gebiete der Erde beschränkt, in denen Schamanismus noch in seiner ursprünglichsten Form praktiziert wird wenngleich in letzter Zeit vermehrt Schamanen nach Europa eingeflogen werden um z.B. die Regenwaldmedizin Ayahuasca jedem der bezahlen kann zugänglich zu machen. Ob diese Entwicklung positiv ist sei anderorts diskutiert. Da diese schamanisierenden Völker meist nur kleine Stammesgruppen zählen und logischerweise ein völlig anderes Werte und Moralsystem verwenden als wir „Zivilisierten" kann der Gebrauch psychoaktiver Pflanzen nicht einfach in unsere technisierte und moralisch standardisierte Welt übertragen werden. Viele pilgern förmlich zu diesen "Workshops", wo oft im großen Stil Pflanzendrogen an mitunter völlig Unbedarfte ausgeschenkt werden. Mein Leitsatz ist: Nicht der Meister kommt zum Schüler sondern der Schüler kommt zum Meister. Aber wir „Zivilisierten" mit unseren finanziellen Möglichkeiten lassen die Meister einfliegen. Aus Angst, Faulheit oder sonstigen Gründen sind wir nicht in der Lage uns wirklich auf den Weg zu machen.

Ich selbst machte mich 1998 auf den Weg. Meine Verbündeten schickten mich in den Regenwald Ecuadors zu den Shuar Indianern. Dort sollte ich auf einen Schamanen treffen der mich lehrte und initiierte. Auch ich wurde damals mit Visionen konfrontiert, welche durch den Genuss eines der potentesten Halluzinogene, dem Ayahuasca, hervorgerufen worden waren. Aber ich hatte Zeit mich während des tagelangen Marsches durch den Regenwald vorzubereiten. Ich hatte den schamanischen „Background", konnte mit der Vision umgehen. Die ganze Reise war ein geschlossener Kreis. Eine Kreisbahn auf der ich gewandert bin. Aber wie verhält es sich wenn sich hier, ohne Vorbereitung, Gruppen von zwanzig, dreißig Personen dieser Pflanzendroge ausliefern? Zu leicht erreichte Ziele enttäuschen einen mitunter! Auf Ziele die nicht so leicht erreichbar sind, bereiten wir uns natürlich intensiver vor. Es ist der Ruf und die Sucht nach dem Exotischen, welcher die Menschen wie magnetisch anzieht. Diesen Ruf macht sich die boomende Esoterikwelle ebenso zu Nutze wie so manche Reiseagentur die Besuche beim Schamanen der Indianer inklusive dem Konsum natürlicher Drogen wie selbstverständlich im Hochglanzprogramm hat. Und so mancher Seminarorganisator brüstet sich damit einen Schamanen gefunden zu haben der besonders tief im Regenwald lebt. Aber er hat`s geschafft, der gute Mann wird eingeflogen! Und schon pilgern die Suchenden zum Seminar. Nach drei Tagen sind sie meist um viel Geld ärmer, dafür aber um eine Enttäuschung reicher oder aber arg verwirrt. Vielleicht war das Ambiente nicht so gut, vielleicht lag es am Ayahuascagebräu das zu schwach gewesen sein muss oder aber es lag daran, dass man noch gerne mit dem Schamanen ein paar Worte gewechselt hätte. Aber bei zwanzig Personen und noch dazu ohne Dolmetscher... Aber es gibt natürlich Ausnahmen, wenige, aber es gibt sie.

„Wer klares Wasser will, der muss zur Quelle gehen.." - ganz einfach. Und das bedeutet nun mal das normale Angebot links liegen zu lassen und sich selbst auf die Socken zu machen. Aber wer weiß? Bei der momentanen technischen Entwicklung können wir vielleicht in drei bis sechs Jahren via Internet den Schamanen am Rio Xingu oder eine Schamanin der Cree in Kanada besuchen. Anscheinend ist es out sich selbst auf den Weg zu machen, ich bin nun mal ein unmoderner Mensch, was soll`s.

2. Von Ayahuasca und Zauberpilzen

Seit jeher verwendet der Mensch verschiedene Hilfsmittel um seinen Bewusstseinszustand zu verändern. Früher galt sein Bestreben der Erweiterung der Wahrnehmung zum Zwecke der Kommunikation mit Wesenheiten, Göttern oder den Ahnen. Heute ist die Flucht aus einer mitunter brutalen Realität zum Ziel der „User*" mutiert.

Aber die Schamanen der Urzeit waren so wie es die Schamanen der Gegenwart auch sind, Spezialisten im Umgang mit diesen natürlichen Hilfsmitteln. Nur gefestigte, gut strukturierte Persönlichkeiten suchten die schamanische Welt mit Hilfe der Pflanzen auf. Aber stets waren die Pflanzen Helfer, auch Ratgeber und dienten nie zur Flucht. Die Schamanen welche diese Pflanzen auch heute noch gebrauchen sind Meister im Umgang mit veränderten Bewusstseinszuständen. Nie würden sie leichtfertig von den mächtigen Pflanzenverbündeten Gebrauch machen. Sie verwenden diese psychedelischen Katalysatoren immer im Rahmen eines Rituals, immer zielgerichtet um zu heilen, mit den Wesenheiten der schamanischen Welt zu kommunizieren und von ihnen zu lernen.

Aber das Phänomen des Gebrauches bewusstseinsverändernder Substanzen beschränkt sich nicht nur auf Gegenden welche uns exotisch und fremd anmuten. Auch in unseren Breiten war der Gebrauch solcher Substanzen zumindest unter den Schamanen verbreitet. Zwar streiten sich die Wissenschafter darüber, aber von unserer Seite aus betrachtet dienten die Pflanzen (Pilze) welche der berühmte Ötztalmann angeblich bei sich hatte, vielleicht auch dem Zweck Eingang in die andere, die schamanische Welt zu finden. Aber beginnen wir mit unserer Betrachtung des Gebrauches psychoaktiver Substanzen in Südamerika. In den Regenwäldern Ecuadors und Brasiliens und spannen dann den Bogen bis ins Europa der Moderne.

Die lateinische Bezeichnung der in Amazonien vorkommenden Lianenart Banisteriopsis caapi ist irreführend, weiß man doch mittlerweile dass es sich beim berühmten Ayahuasca der Südamerikanischen Ayahasqueros um eine Mischung verschiedener alkaloidhaltiger Pflanzen handelt. Jeder Ayahasquero Schamane hat so seine eigene Geheimrezeptur und so unterscheidet sich der Sud der aus den verschiedenen Pflanzen hergestellt wird nur selten im betont ekelhaften Geschmack, sehr wohl aber in der Wirkung, sprich seiner Potenz.

Als der Amerikanische Anthropologe Michael Harner in den Sechzigern sein erstes Ayahuasca Erlebnis bei den Shuar im Ecuadorianischen Regenwald erlebte, muss es für ihn wohl eines der bedeutsamsten und einschneidendsten Erlebnisse seines Lebens gewesen sein. Ich selbst hatte Gelegenheit die Wirkung dieses Trankes 1998 zu erfahren. Damals schickten mich meine Krafttiere in den Regenwald um dort einen Schamanen der Shuar zu treffen, von dem ich weder wusste wie er hieß, noch wo er zu finden sei. Aber ich fand ihn, den Schamanen der mein Lehrer und Freund wurde. Er führte mich in die Visionen des Ayahuasca ein, ja bestand sogar darauf dass dies für meinen weiteren Werdegang unerlässlich sei. Aber er erkannte mich als weißen Schamanen an, was mich im Vertrauen zu ihm bestärkte. Damals hatte ich nur wenig über Ayahuasca gelesen. Nur die Berichte von Michael Harner waren mir bekannt. Und nach der Lektüre seiner erschütternden Erlebnisse war das Thema damals für mich eigentlich vom Tisch. Wer setzt sich schon freiwillig über Stunden einer Vision aus gegen der sich der schlimmste Horrorfilm als Gutenachtgeschichte für Fünfjährige ausnimmt. Aber 1998 gab es kein zurück. Ich hatte zugesagt an der Zeremonie teilzunehmen. In diesem Rahmen sollte ich auch schamanische Kraft und die tsentsak, die magischen Pfeile der Schamanen übertragen bekommen.

Da ich nicht über die Erfahrungen anderer urteilen kann und will: Hier ein kurzer Auszug meiner Erfahrungen mit der Liane des Todes.

„...Wir beginnen mit dem rituellen Rauchen einer der Urwaldzigarren. Enrique (der Schamane) beginnt und bläst den Rauch mit lautem Zischen über den Tisch, murmelt dazu unverständliche Wörter. Dann nimmt er jeden seiner schamanischen Steine und bläst zischend Rauch darüber. So weckt er die Hilfsgeister in den Steinen... Alle Utensilien werden mit der gleichen Methode „geweckt". Aus einem Beutel holt er jetzt eine kleine Kalebasse hervor, ich vermute es ist das Ayahuasca. Ihr widmet er besonders viel Aufmerksamkeit. Enrique spricht mit der Kalebasse, verfällt in einen regelrechten Dialog mit dem Geist des Ayahuasca, bläst immer wieder Rauch darüber, um den mächtigen Geist des Jage zu wecken. Mittlerweile ist der Raum erfüllt vom aromatischen Rauch des Tabaks... Alles zieht schnell an mir vorbei. Die Wurzeln, Farne, Lianen. Dann wieder Dunkelheit, neuerlich ein Lichtblitz, ich wirble herum, hetze einen Wasserlauf entlang, den Kopf nahe dem Boden, dann einen Hügel hinauf. Nichts macht mir Mühe, keine Anstrengung, kein Durst, kein Hunger, nur der Rausch der Geschwindigkeit des nächtlichen Jägers. Ich fühle mein Herz schnell schlagen, kein Menschenherz, jedes Geräusch nehmen meine Ohren war, ich bin eine Masse aus Muskeln, Reflexen und Instinkten. Wieder das grelle Licht, diesmal von weit hinter mir, alles bewegt sich zurück, ich werde zurückgezogen in einem Strudel aus Zeit und Raum. Ich entwickle mich zurück, verliere Fell und Krallen, bin wieder nackt und ungeschützt, verwundbar, Mensch.

...Wieder trägt es mich in die Kälte des Alls, aber diesmal bleibe ich Mensch, bleibe ich in meinem Körper. Unfähig mich zu bewegen starre ich, die Augen weit aufgerissen ins Nichts. Schreien möchte ich und weinen, aber alles ist blockiert, wie eingefroren. Allein mein Herz schlägt, donnert, hämmert irgendwo in mir, versucht Blut zu pumpen, den Körper am Leben, die Maschine in Gang zu halten. Aber ich sterbe, es macht mir nicht einmal Angst. Die Kälte kommt wie die Dämmerung, langsam, milde, lässt meiner Seele Zeit zu gehen. Ich warte auf den Moment des Erlösens, des Loslösens, erwarte den letzten Schmerz. Ob er wohl dem Geburtsschmerz gleicht? Und Gott, oder das Danach, wie wird es sein? Aber ich warte vergebens. Die Zeit dehnt sich unsagbar, ich bin gefangen in eiskalter Erstarrung, das Leben fließt nur zäh aus mir. Dann kommt die Angst. Ich will zurück, in die Wärme ins Licht, ins Leben, in mein Leben. Ich glaube den Bogen überspannt zu haben. Meine Grenzen habe ich überschritten, vielleicht sogar die eine, die letzte Grenze. Ein Schritt zu viel, kein Weg zurück. Ich gerate in Panik. Aber die Zeit dehnt sich träge und verschluckt meinen Schrei..."

(aus: „Auf den Spuren des Geisterjaguars", 2006 Veth Verlag)

Überflüssig zu bemerken, dass ich ohne entsprechendes Hintergrundwissen und Erfahrung möglicherweise Schaden genommen hätte. Durch meinen Aufenthalt im Regenwald hatte ich genügend Gelegenheit mich mit den Spirits des Waldes auseinanderzusetzen. Schon dies war die Vorbereitung auf diese Zeremonie. (auch wenn ich auf meinem Weg durch den Regenwald noch nicht wusste ob ich den Schamanen überhaupt finden würde).

Obwohl diese Vision einzigartig in ihrer Intensität wie in ihrem Effekt auf mein weiteres Leben war, stellt sich mir nicht die Frage der Wertung. Denn in dem Moment in dem wir glauben dass eine, quasi von außen herbeigeführte Bewusstseinsveränderung mehr wiegt als die Bewusstseinsveränderung, welche wir mit Hilfe von Trommel und Rassel erreichen, haben wir den Weg zur Mitte bereits verlassen. Verfallen wir dem Irrglauben, dass wir die Welt der Schamanen nur erfahren können wenn wir uns Drogen (wenn auch natürlichen Ursprungs) zu Nutze machen, dann ist das ein Warnsignal! Es zeigt uns, dass wir das Vertrauen in unsere Visionen verloren oder erst gar nicht erreicht haben.

Den Zugang in die andere Welt über halluzinogene Pflanzen zu finden ist keinesfalls der leichtere Weg. Denn dieser Weg ist gefahrvoll und sollte eigentliche denen vorbehalten bleiben, die genügend Erfahrung und Selbstvertrauen besitzen. Es ist ein anderer, machtvoller Zugang. Der Geist der Pflanze fragt nicht danach ob du bereit bist. Er konfrontiert dich mit Visionen, die zu verarbeiten nicht gerade ein Leichtes ist.

Die Wiederentdeckung der magischen Pilze

Die Mazatekische Heilerin Maria Sabina (1894-1985) ist wohl (unfreiwillig) die populärste Vertreterin der mit Pilzen heilenden Curanderas. Schließlich begann mit der Verbreitung ihres Wissens ein regelrechter Pilztourismus in ihre Heimat Mexiko. Gordon Wasson, amerikanischer Pilznarr und fanatischer Pilzesammler, entdeckte die Verwendung eines unscheinbaren Pilzes bei Heilungsritualen in den Bergregionen Mexikos und brachte diese Entdeckung, mit allem nötigen Respekt, in die zivilisierte und nach (Bewusstseins-)Erweiterung dürstende Welt der frühen Sechziger.

Somit durchbrach er auch den Bann, der über heimische Arten verhängt worden war. (In fast keinem Pilzbuch findet sich ein Hinweis auf die psychogene Wirkung dieser Pilze, sie werden meist, wenn überhaupt, als ungenießbar oder giftig verurteilt). Seit seiner Entdeckung werden auch die Schweizerischen und Österreichischen Bergweiden (vor allem in den letzten Jahren) vermehrt von Menschen, oft einem Schwarm Heuschrecken gleich heimgesucht und abgeerntet. Die Sammler dieser wunderbaren Heilpilze versprechen sich durch die mehr oder weniger wohl überlegte Einnahme des Pilzes einen spirituellen Quantensprung oder einfach einen biologisch vertretbaren Ethnokick ohne gröbere Nebenwirkungen. Zwar kann man diesem Treiben weder entgegenhalten, dass es sich bei den unscheinbaren Pilzchen um sozusagen kulturfremde Halluzinogene handelt, noch muss man leider um die physische Gesundheit der User bangen, vor allem wenn unheilige Kombinationen mit Alkohol oder Extasy in die Eigenbautipis halten. Die heiligen Pilze, so nannte sie Maria Sabina, sind, wenn richtig bestimmt nicht giftig. Dieses Wissen über die Ungiftigkeit kann aber genauso gut ein riesiger Fehler sein, vor allem dann, wenn der Unkundige den falschen Pilz erwischt oder eben wie erwähnt einen gesundheitsschädlichen Cocktail mixt. Immer häufiger sind die Vergiftungszentralen mit Fällen Konfrontiert in denen die an angeschlagenen Jungethnobotaniker von Tränken aus Stechapfel, Pilzen und anderen potenten Pflanzen berichten. Dies ist ganz einfach der falsche Zugang, bei dem sich im Endeffekt meist mehr verschlossen als geöffnet hat.

Der Leser wird an dieser Stelle vergeblich nach Standortbeschreibungen, Tipps zur Aufzucht, Ernte oder zum Gebrauch der Pilze suchen. Es gibt genügend einschlägige Literatur zu diesem Thema, und ich will dem Raubbau an diesen Zauberpilzen keinen Vorschub leisten.

Wirkliches Ayahuasca ist bei uns meist nicht zu bekommen, wer es dennoch versuchen will muss sich schon auf den Weg in die Regenwälder machen was zumindest eine vernünftige Auseinandersetzung und Vorbereitung im Vorfeld erfordert, somit zumindest etwas Bewusstsein schaffen kann. Anders beim Pilz: Wie in unserer Konsumgesellschaft üblich, verleitet die leichte Beschaffbarkeit (auch z.B. über das Internet) zum voreiligen, unüberlegten Gebrauch der dann durchaus fatale Folgen haben kann. Immerhin setzt man sich einer mitunter achtstündigen Vision aus, die auf die psychische Konstitution des Einzelnen wenig Rücksicht nimmt und nicht durch das umlegen eines Schalters zu beenden ist. Die Ähnlichkeit des psychogenen Inhaltsstoffes Psilocybin mit LSD sei erwähnt, und Horrortrips gehören sicher nicht zu den wünschenswertesten Erfahrungen. Wieder entscheidet die Fähigkeit mit diesen Visionen Umzugehen und die persönliche Reife und Erfahrung in diesem Gebiet über den Gebrauch des Pilzes. Die Ähnlichkeit mit LSD hat dazu geführt dass der Pilz als eine Art natürliches LSD (billig, harmlos weil biologisch, usw.) angesehen bzw. missverstanden wird. Es gilt was für sämtliche Pflanzen mit halluzinogener Wirkung gelten sollte: Nur wer gefestigt, bereit und erfahren ist und sich einer weisen Führung durch einen erfahrenen Schamanen sicher sein kann wird letztlich in der Lage sein von seiner Vision wirklich profitieren zu können.

Der Pilz, das unbekannte Wesen

Wir wissen dass verschiedene Kulturen mitunter zum Pilz greifen bzw. dies seit Jahrtausenden tun, um zu Visionen zu gelangen. Dies jedoch immer im schamanischen (nicht Neo-schamanischen) Kontext und niemals aus Langeweile oder bloßer Neugierde. Bei uns ist der Gebrauch und wie man richtig mit diesen Wesenheiten umgeht verloren gegangen. Auch im Neo-Schamanismus finden wir hier keine Führer durch die psychedelisch-magischen Welten, weil es ganz einfach an jener tradierten Erfahrung fehlt welche in indigenen Gesellschaften seit Generationen gemacht und dabei andauern überprüft worden sind. So besitzen wir hingegen keinerlei angelernte Information des Gebrauches sondern leider nur Informationen zum Missbrauch der Pflanzenverbündeten. Dies sollten wir nicht vergessen! Von den Berggegenden Mexikos bis in die Steppen Sibiriens ist der Gebrauch des Pilzes Usus. Natürlich finden verschiedene Arten Verwendung, und wer sich aufmerksam mit Alice im Wunderland beschäftigt wird so manche Überraschung erleben. Gerade in unseren Märchen finden sich Geschichten in denen Pilze eine wichtige Rolle spielen. Auch im Volksmund trifft man auf Redewendungen, die auf das Wissen der meist alpinen Landbevölkerung um die Wirkung dieser Gewächse schließen lassen. (z.B. die Narrischen Schwammerln..)

Derjenige, der sich aufmacht, um geführt und weise angeleitet mit dem Pilz zu kommunizieren, dies mit Ehrfurcht, dem nötigen Wissen und einer gesunden Portion Respekt tut, wird auch in ihm einen weisen Ratgeber finden.

Aber der Pilz ist anders. Er zeigt uns Bilder, Visionen. Er spricht aus uns oder entführt uns durch die Zeit. Unser Problem ist es, dass unser Geist noch beschränkt ist, und dass wir die Visionen die uns der heilige Pilz gewährt nicht zu deuten in der Lage sind. Was bleibt ist stilles Staunen...

Andere, bei uns heimische psychoaktive Pflanzen die zum raschen Eintritt in andere Welten verleiten, sind auf Grund ihrer Nebenwirkungen und/oder Giftigkeit für den schamanisch Praktizierenden nicht interessant. Was nützt mir die schönste Vision wenn ich dann tagelang krank bin oder vor lauter Brechreiz nur mehr auf ein Abklingen der Wirkung warte? Da lobe ich mir Trommel oder Rassel und ein gesundes Selbstvertrauen.

Es gilt bei der schamanischen Arbeit einen klaren Kopf zu behalten, also keine Substanzen zuzuführen die uns einnebeln (auch THC). Soll heißen: Ich habe einen Auftrag zu erledigen. Ebenso empfinde ich Alkohol als schlechte Stimulans, da bewiesener Maßen seine Wirkung nicht gerade die Denkfähigkeit Dauer steigert. Abgesehen davon bin ich persönlich gerne unabhängig. Kann ich ohne den Gebrauch solcher Substanzen nicht schamanisch Reisen, fröhlich sein oder was auch immer, dann ist irgendwo der Wurm drin.

Zweitens spielt auch die Beschaffung eine Rolle. Und wenn ich schon Schwierigkeiten habe das Zeug zu bekommen, dann verzichte ich lieber gleich darauf. Nach wie vor sind Trommel und Rassel die geeignetsten Methoden um in die schamanische Welt zu reisen. Eine Schamanenreise im „Hanfrausch" ist einfach ein Widerspruch in sich. Dass Cannabis medizinisch wertvoll ist und auch durchaus positive Eigenschaften hat bezweifle ich keinesfalls und wenn andere gute Erfahrungen mit dieser Kombination gemacht haben sollten, so beglückwünsche ich sie muss aber das Erlebte in Zweifel ziehen.

Dennoch bleiben die Pflanzenverbündeten ein interessantes Feld. Wenn unsere Persönlichkeit gefestigt ist und wir den Visionen mit Respekt und Mut begegnen, so können wir tiefe Einsichten gewinnen und aus den Erfahrungen lernen. Wenn wir jedoch die Macht der halluzinogenen Pflanzen zur Flucht missbrauchen, werden wir nur verlieren und mehr verwirrt sein als zuvor!

Auch auf die Gefahr mich zu wiederholen: Der Umgang mit psychoaktiven Pflanzen erfordert eine gefestigte Persönlichkeit, Mut und vor allem Praxis im Umgang mit veränderten Bewusstseinszuständen und der Nichtalltäglichen Wirklichkeit. Die Entscheidung diese Welt mit Hilfe solcher Pflanzendrogen aufzusuchen liegt bei jedem Einzelnen. Weder rate ich zum Gebrauch dieser Pflanzen, noch verdränge ich deren Existenz. Aber dem Gebrauch dieser Substanzen sollten Überlegungen vorausgehen welche sich mit den Themen Notwendigkeit, Risiko, Legalität usw. auseinandersetzen.

3. Die Ohnmacht der modernen Rauschgesellschaft

Innerhalb des Wasserglases entstehen neben den unzähligen Ängsten, fast im Gegenzug, neue Süchte und Rauschmittel. Seit der Entdeckung des LSD durch den Schweizer Chemiker Albert Hoffmann hat ein regelrechter Drogenboom eingesetzt der keinerlei Anstalten macht abzuebben - ganz im Gegenteil. Von den Hippiedrogen der Sechziger und Siebziger bis hin zu Extasy und den hippen Designerdrogen unserer Tage ist die Entwicklung rasant fortgeschritten. Wo früher noch zu Gärtnern berufene Hippies liebevoll Cannabis pflanzten finden wir heute illegale Drogenlabors in denen immer neue, hochexplosive Mischungen und Substanzen entwickelt werden, bei deren Konsum so mancher auf der Strecke bleibt. Selbst das von vielen hochgelobte Cannabis (die Biodroge Nr.1) ist mittlerweile gentechnisch "auf den neuesten Stand gebracht" - hat um ein vielfaches mehr an THC intus als die native Variante vor dreißig Jahren hatte. Also nix mit bio...

Man darf nicht übersehen, dass Hersteller und Verteiler vor allem eines im Sinn haben: Kohle zu machen und der Profit steigt mit jedem Abhängigem oder ganz einfach jedem der mitmacht. Letztlich profitiert die Drogenmafia, ganz egal wie man es dreht und wendet.

Der Staat steht dem Ganzen mehr oder weniger hilflos gegenüber und versucht durch Alibiaktionen und halbherzige Aufklärung sein Gesicht nicht zu verlieren. Legalisierung wie Kriminalisierung haben den Konsum der harten Drogen nicht einschränken können. Aufklärung und Therapie bringen statistisch betrachtet zu spät Nutzen oder greifen nur temporär und das grundlegende Problem bleibt bestehen: Die Suche nach einem Ausweg aus der gesellschaftlichen Zwangsjacke mit Hilfe von Drogen.

Genau genommen hat unsere Gesellschaft in dem Moment versagt, in dem sie sich von den natürlichen Gesetzmäßigkeiten verabschiedet hat. Selbst religiöse Systeme erreichen immer weniger Menschen und können letztendlich auch nur Theorien aber keine Lösungen bieten. Die uralte Frage nach dem Sinn des Lebens bleibt weiter unbeantwortet. Ohnmächtig sieht unsere Gesellschaft ihrem Verfall entgegen - Evolution. Die Konsumgesellschaft lullt unseren Geist ein, versucht kurzfristig zu füllen, was nicht mit Materie zu füllen geht, deckt zu was sonst offensichtlich wird: Niemand weiß mehr wie man sich auf die Suche nach sich selbst begibt. Wir haben verlernt, aus diesem inneren Drang Nutzen zu ziehen in dem wir uns auf die Reise zur Mitte begeben. Der moderne Mensch braucht stärkere Katalysatoren um sich auf den Weg zu machen. Da müssen schon Krankheiten her, schwere, unheilbare. Und obwohl in dieser Richtung ein Umdenken geschieht, und so mancher Kranker sich nach der eigentlichen Ursache seiner Erkrankung fragt, so endet seine Reise zu sich selbst oft schon bei der Erkenntnis dass seine Krankheit einen Ursprung hat.

Das genügt uns oft, ist aber nicht die Lösung unseres Problems. Verstanden zu haben ist eine Sache, aktiv zu werden eine andere. Wieder beginnt der Kreislauf von der Suche nach dem Grund, und wieder endet die Suche am selben Punkt, dem Umsetzen des Erfahrenen. Inzwischen ist Zeit vergangen, und der Kranke hat sich noch mehr an seinen Zustand gewöhnt. Er missbraucht seine Krankheit, die Menschen welche ihm helfen wollen, die Medikamente, Therapien usw. Dies geschieht zwar nicht bewusst, aber es geschieht tagtäglich. Eine nie endende Wiederholung ein und desselben Schemas. Immer im Gewand neuer Erkrankung, anderer Personen, anderer Zeiten aber beständig gleich in seiner (Fehl-) Funktion.

In den nativen Kulturen wurde, vor dem Eingriff durch die Weißen, stets nur ge- aber selten missbraucht. Eine Verhaltensweise die der moderne Mensch verloren zu haben scheint. Wenn wir aber den Sprung „zurück" schaffen, wenn wir uns unserer Abhängigkeiten und Süchte sowie den damit einhergehenden pathologischen Verhaltensmuster bewusst werden, bietet sich uns eine nicht zu unterschätzende Chance: Egal welche Thematik unsere Sucht betrifft, wir haben die Chance uns vom abhängigen Zivilisationsjunkie zum überlegenden Anwender der Möglichkeiten zu entwickeln. Eine Wandlung, die an der rasanten Entwicklung unserer technisierten Gesellschaft gemessen, für Unwissende vielleicht sogar nach einem Rückschritt aussieht. Aber manchmal kann uns ein Schritt zurück vor dem Sturz in den Abgrund bewahren. Seien wir aufmerksam, verwandeln wir unsere Angst in Aufmerksamkeit und dann - handeln wir richtig!

Kapitel XV
Rituale und Zeremonien

1. Die Welten verbinden

Die alltägliche Welt wie die Nichtalltägliche Welt sind als Einheit existent. Leben wir in nur einer von ihnen, bzw. erleben wir die Realität nicht als ganzheitliches System so sind wir nicht im Gleichgewicht. Die Kunst ist es, beide Welten in uns zusammenzuführen. Um dies zu erreichen brauchen wir verschiedene Werkzeuge.

    a. Rituale

    b. Kraftobjekte die im rituellen Kontext gebraucht werden (Näheres in Kap. XVI)

    c. Unsere Krafttiere, die uns beraten und leiten

Zur Begriffsklärung

Im Lexikon findet sich unter dem Eintrag Ritual lediglich folgender verwirrender Hinweis: "(das; lat.), die Ordnung des Kultus einer Religion". Nun, diese Auskunft ist mager und irreführend, haben wir doch unsere neo-schamanische Praxis frei von religiösen Mechanismen betrachtet (vor allem frei durch irgendwelche Einflüsse einer mitunter quasi-staatlich normierten Religion). Wenn wir uns in unserem schamanischen Kontext, der natürlich eine Sonderform des Schamanismus darstellt, mit dem der Thematik des rituellen Handelns auseinandersetzen wollen, so benötigen wir eine andere, praktisch orientierte Betrachtungsweise.

Gerade in unserer aufgeklärten Welt sind an Wörter wie Ritual oder rituelles Handeln bestimmte, unrichtige, Bilder geknüpft. Konfrontieren wir den Normalbürger mit unserer Aussage dass wir heute Nacht, bei Vollmond ein Kraftritual auszuführen gedenken, so wird unserem geschockten Zuhörer ein angelerntes Bild vor dessen geistigem Auge entstehen. Vermutlich sieht er uns blutbesudelt schwarze Hähne opfern und einem dämonischen Götzen huldigen. Viele Menschen verbinden mit dem Wort Ritual eher die Opferung einer kreischenden Jungfrau zur Sonnenwende denn die Verbindung der materiellen und spirituellen Welt oder die Kommunikation mit der beseelten Natur. Das nennt man schlichtweg falsche Prägung, dies sind auch die gesellschaftlichen Filter die den meisten eine klare Sicht auf die Dinge verwehren.

Wenn wir von einer rituellen Handlung sprechen, so benennen wir damit den Brückenschlag zwischen den beiden Welten und unsere Absicht diese Verbindung in uns und durch uns herbeizuführen. Wenn wir ein Ritual durchführen so befinden wir uns wie auf einer Insel die erst zwischen den Welten treibt und dann die Verbindung zwischen beiden herstellt. Gerade im schamanischen Bewusstseinszustand sind wir in der Lage diese Veränderung, die Verschmelzung der Welten intensiv wahrzunehmen. Würden wir diese Möglichkeit der Wahrnehmung nicht besitzen, so müssten wir uns einfach darauf verlassen, dass die Verbindung zustande gekommen ist. Ein Problem an dem viele scheitern die sich mit klassischen magischen Methoden auseinandersetzen und diese praktizieren. Sie sind gezwungen auf die Veränderung zu warten. Das heisst sie müssen das Ergebnis abwarten welches vielleicht erst nach Tagen, Monaten und Jahren oder gar nicht eintritt. Wir haben den unschätzbaren Vorteil solche Veränderungen direkt wahrzunehmen!

Erinnern wir uns an das Wasserglasprinzip. Ein Ritual durchzuführen heißt mehr als die Beschränkung des Glases zu verlassen. Es bedeutet das Glas einerseits zu verlassen, andererseits aber auch mit Hilfe der im Wasserglas vorhandenen Möglichkeiten (sprich dem physischen Handeln) eine Möglichkeit zu schaffen die Wand des Glases durchlässig für andere zu machen. So erklärt sich der Umstand dass Menschen, welche nicht in der Lage sind den schamanischen Bewusstseinszustand zu erreichen, im Rahmen eines Rituals sehr wohl Wirkungen verspüren. Die Teilnehmer des Rituals befinden sich alle auf dieser Insel von der ich zu Beginn gesprochen habe, sie sind eingebunden in das Geschehen und erhalten so die Möglichkeit etwas von der Welt außerhalb des Wasserglases zu entdecken. Sie fühlen die Veränderung, spüren die Anwesenheit der Krafttiere und Verbündeten oder es lösen sich Blockaden und aufgestaute Emotion. Auch wenn die Teilnehmer nicht verstehen warum dies alles geschieht sind sie doch ein Teil des Ganzen.

Funktion des Rituals

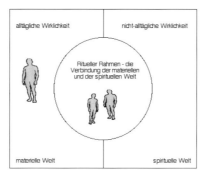

Innerhalb eines Rituals erleben wir oft das Verlassen einer Kreisbahn (vgl. Kap. IV), doch ist dies nur eine temporäre, also für die Zeit des Rituals begrenzte Erfahrung. Aber diese Erfahrung zeigt uns, wie unser Leben sich anfühlen könnte, wenn wir diese Kreisbahn verlassen haben. Immerhin wissen wir dann wofür wir unsere Energien einsetzen.

2. Wozu der ganze Aufwand?

Im Ritual verbinden wir die Welten, oder wenn man so will, befinden wir uns in beiden zur gleichen Zeit. Wobei angemerkt sein soll dass die Zeit, wenn das Ritual funktioniert, nahezu keine Rolle spielt. Natürlich werden wir nicht aus Jux oder Langeweile aufwendige Rituale zelebrieren. Oder noch schlimmer, um anderen zu imponieren! Wenn wir ein Ritual durchführen dann brauchen wir dazu einen guten, logischen Grund.

Die Gründe

a. Wir haben von unseren Krafttieren den Auftrag erhalten und wurden von ihnen aufgeklärt wie das Ritual aussehen soll.

b. Wir wissen bereits aus Erfahrung, dass sich bestimmte rituelle Rahmen in bestimmten Situationen bewährt haben.

c. Es gibt einen bestimmten Anlass und wir arbeiten mit den rituellen Rahmenhandlungen mit denen wir bereits Erfahrung haben, lassen uns aber innerhalb des Rituals von unseren Krafttieren beraten und leiten.

d. Jemand bittet uns darum ein Ritual für (mit) ihm auszuführen.

Natürlich gibt es noch andere Gründe, wobei diese aber die häufigsten sein werden.

Das Ritual soll Wirkung zeigen und dient dazu unsere Verbindung zur Natur, der Mitte und unseren Verbündeten zu erneuern.

Aber wie immer gilt der Leitsatz: Weniger ist mehr! Nicht der Aufwand ist entscheidend, sondern unsere Absicht, unsere Hingabe und Liebe. Wir können noch so wollen, wünschen oder hoffen, ohne Hingabe und Liebe wird nichts, was auch immer, gelingen.

3. Die drei Gebote

Versuchen wir uns daran zu erinnern dass wir einfach bleiben wollen. In der Simplifikation der Dinge liegt auch Erkenntnis! Vor allem jene Erkenntnis die uns sagt, dass wir nicht alles zur gleichen Zeit, mit derselben hohen Qualität tun können.

In unserer schamanischen Praxis kennen wir nur wenige Ge- und Verbote aber die folgenden drei Punkte sind quasi die Quintessenz, die eine Regel, die über Erfolg oder Misserfolg entscheidet. Die folgenden Punkte lassen sich nicht bloß auf unser rituelles Arbeiten anwenden sondern sie sollten vor allem stehen was wir zu tun beabsichtigen. Diese drei Punkte bestimmen unsere Absicht.

Δ Wo gehe ich hin?

Δ Warum gehe ich dorthin?

Δ Was nehme ich mit?

So simpel diese Punkte klingen mögen, so tief greifenden Einfluss können sie auf unser Handeln haben. Wieder ist es jeder selbst der über die Tiefe seines Tuns entscheidet.

Betrachten wir die Punkte einzeln

Wo gehe ich hin? - heißt gleichzeitig woher komme ich, ist also gleichzusetzen mit unserer Standortbestimmung aus Kapitel IV.

Konkret bedeutet dieser Punkt: Wenn ich z.B. vorhabe ein Ritual durchzuführen werde ich mir überlegen wo ich es durchführe. Wenn wir uns an die Kreisbahnen erinnern werden wir folgende Überlegungen anstellen:

Wohin will ich - zur Mitte, entsprechend der Mitte, wird der Ort des Rituals kein viel begangener Weg im Park, mitten im Stadtgebiet, sondern ein abgeschiedener Ort in der freien Natur sein. Dass meine Wohnung nicht der rechte Ort ist, versteht sich von selbst. Die Schlussfolgerung daraus: Ist der Ort nahe der Mitte (der Natur) werde auch ich mich nahe der Mitte befinden!

Warum gehe ich dorthin? - Bedeutet die Auseinandersetzung mit unserer Absicht. Gleichzeitig heißt dies im Klartext dass ich mir über meine Absicht absolut klar sein muss. Also begebe ich mich bewusst in den Trichter aus Kapitel V wo ich am Ende nur mehr die Möglichkeit des Erkennens und in der Folge die des Handelns habe.

Halbherzige Unternehmungen bringen halbe Resultate!

Was nehme ich mit? - bedeutet gleichzeitig was lasse ich zurück? Aber auch rein praktisch betrachtet ist folgendes zu überlegen: Wenn ich an einen Ort in der Natur, nahe der Mitte gehe, dann werde ich vermutlich auch nur Dinge mit mir nehmen die selber nahe der Mitte, also natürlichen Ursprungs sind. Ebenso werde ich mir überlegen so wenig wie möglich mitzunehmen. Bei der Frage was ich zurücklasse, ist natürlich auch unser alltägliches Leben mit seinen Problemchen gemeint. Ein schlechtes Ritual, wenn ich dabei ständig an irgendwelchen Problemen meine Firma betreffend kaue und mich nicht konzentrieren, oder hingeben kann!

Weiters bedeutet diese Frage auch sich zu überlegen was man als Gegenleistung für die „Benutzung" der Natur mitnehmen soll. Ein Opfer eben. Ein Dank an die Natur und ihre Wesenheiten. Salz hat sich ebenso bewährt wie Tabak den man verbrennt oder verstreut. Aber diese Entscheidung liegt wieder bei jedem selbst. Im Zweifelsfall: Krafttier fragen!

Jede Kette ist so stark (oder schwach) wie ihr schwächstes Glied! Die oben angeführten Punkte betreffend bedeutet dies dasselbe. Ist einer der Punkte nicht berücksichtigt oder nur halbherzig betrachtet, wird unser Ritual ebenso halbherzig sein. Dessen sollten wir uns immer bewusst sein.

Wenn ich diese drei Punkte auch auf mein tägliches Leben anwende, wird vieles in Bewegung kommen. Egal ob in Beruf oder in der Familie. Keine Halbherzigkeiten mehr, keine Ziellosigkeit oder Belastung mit unnötigem Ballast. - Sicher ein Idealbild das es zu verwirklichen gilt.

4. Die Struktur

Natürlich haben sich bestimmte Abläufe ritueller Natur bewährt. Seit Jahrtausenden haben sie sich nur gering verändert, lassen aber jedem Praktizierenden genügend Spielraum um seine Persönlichkeit, seinen Stil mit einzubringen. Ich spreche hier bewusst von der Freiheit des persönlichen Gestaltens ritueller Handlungen, da die oft, von verschiedenen Persönlichkeiten vorgegebenen starren Regeln in krassem Gegensatz zum Ziel der Erreichung von persönlicher Freiheit und Individualität stehen.

Natürlich liegt in immer gleichen Handlungen die Gefahr der Routine. Und eines sei ganz klar gesagt: Eine Routinehandlung ist nie ein Ritual, gleich wie ein Ritual nie eine Routinehandlung sein kann. Hier zeigt sich die persönliche (und spirituelle) Reife des Einzelnen. Handle ich aus einer Routine heraus, so bleibt vom ehemals wirkungs- wie eindrucksvollen Ritual nur die äußere Form bestehen. Das Ritual selbst ist ausgehöhlt oder ganz mit der theatralischen Persönlichkeit des Durchführenden gefüllt. Da bleibt kein Platz für Verbündete oder tieferen Sinn.

Jedes Ritual hat einen natürlichen Ablauf, eine Gliederung. Zu Beginn steht, nach dem die drei vorher angeführten Punkte beachtet worden sind, die Vorbereitungen für das eigentliche Ritual.

Δ Einstimmen auf den Ort

Δ Vorbereiten der rituellen Werkzeuge (Räuchermischung, Feuer, usw.)

Δ Bezeichnen des Platzes (z.B. Steinsetzung den Himmelsrichtungen entsprechend, oder das Bilden eines Kreises aus Steinen, usw.)

Δ Persönliche Vorbereitungen wie Erdungs- oder Atemübungen.

Aber auch die Vorbereitungen sollten mit der nötigen Tiefe und Hingabe ausgeführt werden. Auch sie sind ein wichtiges Glied in der Kette.

5. Ablauf und Gestaltung

Grundlegendes

Orientieren wir uns am praktischen Ablauf eines Rituals und halten wir uns das Prinzip der Kreisbahnen und unser Vorhaben das Wasserglas zu verlassen vor Augen. Folgende Punkte sind unumgänglich um ein Ritual erfolgreich durchzuführen.

Δ Wir schaffen uns einen Raum im Raum, d.h. wir begrenzen den Ritualraum (den Kreis) mit einer rituellen Handlung.

Δ Für unser Vorhaben versichern wir uns der Mithilfe unserer Krafttiere

Δ Ebenso benötigen wir die Hilfe der Spirits der Natur (vgl. Kapitel X)

Δ Um die Veränderungen wahrnehmen zu können müssen wir den schamanischen Bewusstseinszustand erreichen können.

Δ Der Ritualkern, das heißt die Umsetzung dessen was wir vorhaben muss klar umrissen sein.

Δ Wir finden Unterstützung also sollten wir uns auch entsprechend bedanken (Salz- oder Tabakopfer).

Δ Wir schließen den Kreis indem wir uns von den Spirits und dem Ort verabschieden.

Δ Wir lassen den Ort in dem Zustand zurück, in dem wir ihn vorgefunden haben.

Δ Wir geben dem Ort entsprechend Zeit um sich zu regenerieren.

Der oben angeführte Ablauf hat sich bewährt, ist aber natürlich abänderbar, wenngleich ich selbst die Erfahrung gemacht habe dass es in diesem Zusammenhang weit weniger Spielraum gibt als bei der Gestaltung der einzelnen rituellen Handlungen.

Verglichen mit den Ritualen welche wir aus den Bereichen der rituellen Magie her kennen, so gehen wir einen sehr konkreten und einfachen, fast puristischen Weg, der aber gerade auf Grund seiner Einfachheit so erfolgreich ist. Was nützt mir die schönste Vorschrift ein Ritual zu gestalten, wenn ich viele der für notwendig befundenen Ingredienzien nicht beschaffen kann? Wer hat schon eine Löwenhaut für einen entsprechenden Gürtel zu Hause herumliegen, oder wer hat die Möglichkeit zur Produktion magischer Utensilien wie Schwerter, Roben, Ringe oder Siegel aus Edelmetallen? (einige der notwendigen Utensilien in der Ritualmagie)

Der Weg der Mitte ist ein *einfacher* aber *effektiver*. Alles das wir verwenden finden wir in der Natur. Wir verwenden keine komplizierten Räuchermixturen, weil Salbei, selbst von Hand und mit dem nötigen Bewusstsein gepflückt wesentlich mehr reinigende Wirkung zeigt und wir allein durch den Akt des bewussten Pflückens eine tiefe Verbindung zur Wesenheit der Pflanze entwickelt haben, als wir sie je zu einer teuren Räuchermischung aus dem Esoterikversand entwickeln könnten.

Wird unser Handeln und Denken zu kompliziert und künstlich, dann verlassen wir vielleicht die Kreisbahn in Richtung Peripherie und somit verlassen wir vielleicht den Weg mit Herz. Ein gelungenes Ritual sollte der Geübte auch mit dem durchführen können, was die Natur ihm bietet. Ein wahrer Wissender braucht nichts außer seiner lauteren Absicht.

6. Im Detail

Um den Rahmen eines beliebigen Rituals durchführen zu können bedarf es nur weniger Utensilien. (Sicher kommt das eine oder andere, je nach persönlicher Entwicklung und Ziel dazu).

Δ Einen geeigneten Ort in der Natur (Kraftplatz)

Δ Eine Rassel

Δ Räuchermittel (z.B. Copal, Salbei, Sweetgrass, Harz ...)

Δ Opfer (z.B. Salz oder Tabak)

Δ Eine Trommel (um den Schamanischen Bewusstseinszustand zu erreichen)

Wir haben unsere Vorbereitungen abgeschlossen. Nun ist es an der Zeit uns einen Raum im Raum zu schaffen. Zu diesem Zweck haben wir den Kreis in dem wir agieren werden mit z.B. Steinen abgegrenzt. Günstig ist es auch, ungefähr die Himmelsrichtungen zu bestimmen und diese mit einem größeren Stein zu markieren. (Aber bitte bauen wir keine Nachbildung von Stonehenge, bleiben wir bescheiden!)

Nun gilt es uns mit dem Ort zu verbünden und ihn (die Spirits des Ortes) um ihre Mithilfe zu bitten. Hier hat sich die Rassel bewährt. Mit ihr schreiten wir, dem Boden zu rasselnd den Kreis ab. Ob im oder gegen den Uhrzeigersinn, ob viermal, achtmal oder wie oft auch immer bleibt uns überlassen. Hier ist jeder aufgefordert eigene Erfahrungen zu machen. Denn schließlich verfügen wir ja über so etwas wie Intuition.

Das Rasseln hat dreierlei Effekt:

1. weckt es die Spirits des Ortes,

2. reinigt es den Ort von Verunreinigungen feinstofflicher Natur und

3. hilft uns die Schwingungsfrequenz der Rassel uns der Schwingung des Ortes anzupassen.

Mit Sicherheit werden wir eine Veränderung der Atmosphäre an diesem Ort wahrnehmen. Dies kann sehr angenehm sein, kann aber auch so etwas wie Furcht in uns erzeugen. Haben wir Angst, so vergessen wir nicht sie Aufmerksamkeit umzuwandeln. Schaffen wir dies nicht, dann sollten wir abbrechen, vielleicht war es der falsche Ort, der falsche Zeitpunkt.

Manchmal werden wir schon in dieser Phase das Gefühl haben uns auf einer Art Insel zu befinden. Spätestens jetzt sollten wir den Kreis nicht mehr verlassen. Nicht weil es, wie in der schwarzen Magie, ein Schutzkreis ist und außerhalb dieses Schutzes wilde Dämonen auf uns lauern, sondern einfach aus dem Grund, um in Stimmung und konzentriert zu bleiben. Wenn ich ein Ritual durchführe, dann tue ich dies und nichts anderes. Zum Pilzesuchen oder Beerenpflücken bin ich ja eigentlich nicht gekommen.

Anschließend nehmen wir uns wieder Zeit die Stimmung in uns aufzunehmen und uns zu erden. Sich zu erden erreicht man ganz einfach durch tiefes Atmen und indem man sich der Erde bewusst wird auf der man steht. Es empfiehlt sich für einige Zeit in der Mitte des Kreises Platz zu nehmen und die Veränderungen auf sich wirken zu lassen.

Wir können in dieser Zeit die Räucherung vorbereiten. Wenn wir keine Möglichkeit haben ein offenes Feuer zu unterhalten tut es natürlich auch ein Stück glimmende Holzkohle. (Diese bekommen wir in den meisten Geschäften für Esoterikzubehör und Räucherwerk) Allein das Thema Räucherungen würde ganze Seiten füllen und wird in eines der folgenden Bücher einfließen. Hier sei nur kurz bemerkt dass Hölzer und Wurzeln erdenden Charakter haben, z.B. Salbei sich aus mehreren Gründen hervorragend eignet und Weihrauchmischungen eher als Opfer verwendet werden sollten.

Wir werden merken wann es an der Zeit ist weiterzumachen.

Nun rufen wir unsere Krafttiere. Hierbei hat sich die folgende einfache Methode bewährt: Wir stellen uns Blickrichtung Norden und legen all unsere Aufmerksamkeit in die Absicht unsere Krafttiere zu rufen. Dann heben wir die Rassel und rasseln viermal. Dabei können wir auch unser Kraftlied singen oder pfeifen. Dies wiederholen wir in allen Richtungen. (auch Himmel und Erde). Die Himmelsrichtungen mit irgendwelchen, kompliziert, poetisch verdrehten Formeln anzurufen mag den Magiern unter uns vorbehalten bleiben! Natürlich hat das auch seinen Reiz. Wir bleiben bei den einfachen und kraftvollen Mitteln und verzichten auf jegliche Art von Autosuggestion.

Wenn wir unsere Krafttiere gerufen haben und vielleicht sogar ihre Anwesenheit spüren (achte auf die Zeichen in der Natur!), können wir beginnen zu räuchern. (Dies kann schon vorher geschehen allerdings nicht im Rahmen des Dankopfers sondern vielmehr als Einladung an die Spirits zu kommen.)

Nun folgt der eigentliche Kern des Rituals. Dafür begeben wir uns entweder in den Schamanischen Bewusstseinszustand (mit Hilfe der Trommel) oder lassen uns vom Trommelhelfer in diesen führen. Was nun folgt ist quasi eine Mittlere Welt Reise oder, besser noch ein Ausführen der rituellen Handlungen im schamanischen Bewusstseinszustand.

Wie dieser Ritualkern, also unsere Handlungen aussehen hängt natürlich vom Thema des Rituals ab. Im Anschluss führe ich einige Beispiele auf die mehr als Erklärung denn als Anleitung dienen sollen. So vielfältig unsere Probleme und Anliegen sind, so vielfältig sind die Möglichkeiten diesen Kern des Rituals zu gestalten.

Wenn wir schließlich unsere rituelle Handlung abgeschlossen haben nehmen wir uns wieder genügend Zeit, um die Veränderungen auf uns wirken zu lassen. Dann, nach angemessener Zeit bedanken wir uns bei allen Verbündeten mit einem Opfer das aus Weihrauch, Salz oder Tabak bestehen kann. (Auch Beeren, Samenkörner usw., je nach eigenem Ermessen)

Als eigentlichen Abschluss wiederholen wir die Prozedur mit der Rassel am Anfang, und verabschieden uns somit von unseren Krafttieren, nicht jedoch ohne sie gebeten zu haben auch in Zukunft Kontakt zu uns zu halten.

Nun haben wir noch Zeit im Kreis zu sitzen und das Erlebte zu integrieren. Die Natur wird uns ein Zeichen zum Aufbruch geben, sei es der Wind, ein heraufziehendes Gewitter oder die einbrechende Dunkelheit. Wir werden wissen wann es Zeit ist zu gehen und wir werden den Ort so zurücklassen wie wir ihn vorgefunden haben.

Natürlich können wir auch die Nacht an diesem Ort verbringen, dies würde ich jedoch nicht empfehlen, wenn das Thema des Rituals mit Krankheit, der Vergangenheit oder Reinigung zu tun hatte. Damit der Ort, welcher auch viel Negatives von uns abnimmt, sich regenerieren kann müssen wir ihm auch die Möglichkeit zur Regeneration bieten. Die Zeit welche zur Regeneration notwendig ist variiert von ein paar Tagen bis Monaten, je nachdem was gemacht wurde. Meist genügt ein reinigendes Gewitter um den Ort wieder in den "Originalzustand" zurück zu versetzen. Wir lassen dem Platz generell für einige Zeit seinen Frieden. Im Übrigen werden wir diesen Ort erst dann wieder aufsuchen, um ein anderes Ritual durchzuführen. Sollte dies jeden Tag nötig sein, dann stimmt etwas nicht. Dann haben wir den Weg zur Mitte bereits verlassen. Denn ein Ritual kann nie Routine, ein kraftvoller Ort nie Fluchtpunkt vor unseren Problemen sein. Seien wir uns bewusst, dass ein schamanisches Ritual eine wertvolles Geschenk ist um beide Welten zu verbinden und dass ein Ort in der Natur nur eine Leihgabe an uns ist. Behandeln wir beides mit Respekt und Ehrfurcht!

7. Berichte

Halltal / Tirol, kleines Heil- und Reinigungsritual.

Fr. E. berichtet:

"...wir legen aus Steinen einen großen Kreis. In seiner Mitte ist ein größerer, flacher Stein auf dem wir Räucherwerk verbrennen. Dann stellen wir uns im Kreis auf. ...Du (der Autor) beginnst zu rasseln und rasselst alle einzeln ab. Dann rasselst du in den Himmelsrichtungen und pfeifst eine Melodie dazu. Anschließend setzen wir uns auf den Boden um uns ganz mit der Erde zu verbinden. ...Du gibst jedem von uns ein Handvoll Salz und sagst wir sollen all unsere Probleme und Schmerzen in dieses Salz fließen lassen. ...Bald darauf spüre ich wie meine linke Hüftgegend warm wird, da tut sich offensichtlich etwas. Zum Schluss streuen wir das Salz über den Stein in der Mitte des Kreises... Ich muss folgendes hinzufügen: Zu diesem Zeitpunkt hatte ich ständig Schmerzen in der linken Hüfte. Das Jahr zuvor war ich beim Orthopäden. Der hat festgestellt, dass diese Schmerzen von einer Bandscheibe herrühren. Er hat mir Heilgymnastik verordnet, was nichts gebracht, aber einiges gekostet hat. Diese Schmerzen haben sich beim Ritual aufgelöst und sind auch nicht wiedergekommen!..."

Seminarteilnehmer F. berichtet:

„...dann hat die Rassel begonnen. Ich bin gar nicht mehr bei mir gewesen, und doch wusste ich dass ich im Kreis mit den Anderen stand. Ich habe mich am Anfang wirklich ein wenig gefürchtet, aber das Gefühl ist dann gewichen und später (nach der rituellen Reinigung) habe ich ein ungeheures Glücksgefühl gespürt. Ich war ganz leicht und ganz schwer zur gleichen Zeit. Dann ist etwas in mir passiert. Irgendetwas ist zusammengebrochen und hat sich aufgelöst. Es war sicher eine alte Angst die sich verabschiedet hat. Nach dem Ritual habe ich mich ganz rein und stark gefühlt, dieser Zustand hat einige Tage angedauert...“

Kapitel XVI
Shamanic Tools -
die Werkzeuge des Schamanen

Jeder Schamane besitzt gewisse Objekte (Kraftobjekte) welche er für
seine Arbeit benötigt. Diese Dinge sieht der Schamane als heilig und
beseelt an. Diese Dinge besitzen Kraft.

1. Die Trommel

Wie wir bereits wissen ermöglicht uns die Trommel den schamanischen Bewusstseinszustand zu erreichen. Seit jeher fanden Trommeln verschiedener Bauart in der schamanischen Arbeit (unter anderem) diese Verwendung. Wir kennen die Trommeln der Nordamerikanischen Indianer, die großen Rahmentrommeln der Inuit (Eskimos), die Trommeln der Sami (Lappen) oder die der Steppenvölker Sibiriens. Überall wo schamanisiert wird finden wir schamanische Trommeln. Dort wo Schamanismus praktiziert wird, aber keine Trommeln in Gebrauch sind ist die Erklärung dieses Fehlens des wohl wichtigsten schamanischen Werkzeuges ebenso logisch wie einfach: So finden wir z.b. in den Regenwäldern Südamerikas keine Trommel im herkömmlichen Sinn und dies aus einem einfachen, technischen Grund - denn Trommeln sind mit Fell bespannt. Dieses Fell (oder Haut) würde im immerfeuchten Regenwald keine Spannung halten können. In diesen Gebieten ist der Gebrauch von Rasseln oder einem Schwirrbogen vorherrschend. In unseren Breiten jedoch war die Trommel seit jeher in schamanischem Gebrauch.

Die eindrucksvollsten Trommeln hatten wohl die Schamanen (Najden) der Sami. Auf diesen Trommeln finden oder besser gesagt fanden sich Darstellungen der Krafttiere, der schamanischen Welt und der Hilfsgeister der Sami-Schamanen. Leider hatte die (versuchte) Zwangschristianisierung der Sami verheerende Wirkung. Da die Missionare in der Tätigkeit der Schamanen natürlich Teufelsanbeterei und auszurottendes Hexenwerk sahen suchten sie alle äußeren Zeichen dieser Ideologie zu vernichten, was sie auch schafften. Auf den Scheiterhaufen brannten Trommeln.

So finden sich (lt. Froemer) heute weltweit nur ca. siebzig Sami-Schamanentrommeln in Museen. Der Rest wurde von fanatischen Missionaren zerstört. Eine Entwicklung die zu jenen Zeiten nicht nur die Sami betraf. Mit Ausbreitung des Christentums wurden meist die alten Glaubenssysteme in ihren äußeren Erscheinungsformen vernichtet. Aber trotz der Zerstörung und des Verbotes lebten viele Völker ihre Überzeugung im Inneren und praktizierten im Geheimen. Von besonderer Auffälligkeit ist die Assimilierung des christlichen Glaubens in Zentralmexiko und Südamerika, wo christliche Benennungen (also Heilige) von der Bevölkerung einfach übernommen wurden. So wurden für die Christlichen Missionare die Heiligen der Katholischen Kirche vom Volk angebetet. Aber insgeheim beteten die Menschen zu den alten Göttern, so blieben der Glaube und das Wissen trotz der äußerlichen Veränderung erhalten. Aber nicht nur religiöser Übereifer sondern auch politische Systeme suchten diese Werkzeuge zu vernichten was in erschreckender Weise gelang. Heute, liberaler und aufgeklärter, auch interessiert an fremder Kultur erfährt das Erbe der alten Schamanen auf allen Kontinenten einen.

Natürlich besitzt die Trommel außer ihrer Funktion der Klangerzeugung noch andere Eigenschaften. So verbindet sie uns auf symbolischer Ebene mit der Erde, der großen Mutter. Auch den Kreis, den ewigen Kreislauf, die Mitte, Geburt und Tod stellt sie dar. Ist sie mit der Haut unseres Krafttieres bespannt so gewinnt dieser Umstand an Bedeutung für uns. Aber vor allem sind es die „arbeitstechnischen Aspekte" welche uns interessieren. Denn rein über die Deutung der Symbolik gelangen wir kaum näher zur Mitte, sondern laufen eher Gefahr uns in Mutmaßungen zu verlieren und somit wieder in die Peripherie der Erklärungen und Beweisbarkeiten zu driften.

In der Praxis haben sich Handtrommeln (Rund - oder Rahmentrommeln) nicht allzu großen Ausmaßes bewährt. Nicht zu groß deshalb, da wir die Trommel ja noch halten können sollten während wir trommeln. Nicht die Größe bestimmt die Qualität sondern die tiefe der Beziehung welche wir zu diesem heiligen Instrument entwickeln. Traditionell, und auch aus der Sicht des Praktischen, haben sich Rahmentrommeln eingebürgert, die eine Art Griff aufweisen, der durch das Verbinden der Spannschnüre entsteht. Natürlich können wir die Trommel auch selbst bauen. Hier bieten sich Trommelbaukurse an.

Natürlich spielen beim Kauf einer Trommel verschiedene Kriterien eine Rolle. Auch wenn der Preis für manchen das wichtigste Kriterium zu sein scheint, vergessen wir nicht: Eine Trommel begleitet einen viele Jahre, wenn nicht unser Leben lang. Wir wechseln sie nicht wie andere Gebrauchsgegenstände unseres alltäglichen Lebens. Je länger wir mit unserer Trommel arbeiten, desto tiefer wird unsere Beziehung, unsere Verbindung mit dem Spirit der Trommel - denn alles was einen Schatten wirft hat auch eine Seele, so auch unsere Trommel auf deren Klang wir in die schamanische Welt reisen!

Die Trommel sollte handlich sein, sodass wir sie auch in die Natur mitnehmen können. Bewährt haben sich auch Trommeln mit Schnellspannvorrichtung. Denn besonders im Freien wird mit dem Wechsel von Temperatur und Luftfeuchtigkeit ein Spannen der Trommel nötig sein. Aber auch hier gilt es ein Gefühl für die Trommel zu bekommen, besser noch auf ihre Hinweise zu hören, ihre Sprache zu verstehen. Denn auch eine Trommel besitzt Leben und auch sie selbst kann bestimmen wann getrommelt wird und wann nicht.

Das Wecken der Trommel

Wir sollten uns darüber im Klaren sein, wie wichtig dieses Instrument für unsere Arbeit ist. Dementsprechend sollten wir unsere Trommel mit Ehrfurcht und Liebe behandeln. So wecken wir die Trommel (ihren Spirit) immer zu Beginn einer Reise oder eines Rituals bei dem die Trommel zum Einsatz kommt. Wir streichen kreisförmig mit der flachen Hand über das Trommelfell, so wecken wir sie. Im Freien können wir sie näher zum Feuer halten um das Fell zu spannen (mit Vorsicht!) aber letztendlich geht es nie um eine rein technische Angelegenheit.

Die Reinigung der Trommel

Wenn die Trommel erst gekauft wurde, müssen wir sie vor dem ersten Gebrauch entsprechend reinigen um uns mit ihr verbinden zu können. Die Reinigung können wir selbst innerhalb eines kleinen Reinigungsrituals durchführen.

Im Folgenden habe ich ein kleines Reinigungsritual für eine neu erworbene Trommel angeführt.

Was wir dazu benötigen

Δ Eine Rassel

Δ Salbei in einer Räucherschale

Kleines Reinigungsritual für die Trommel

Δ Bereite dich entsprechend vor (die drei Gebote, Kap. XV)

Δ Geh an deinen Kraftplatz in der Natur

Δ Lege Trommel und Schlegel auf eine Decke in die Mitte des Kreises

Δ Rufe deine Krafttiere mit der Rassel

Δ Bitte Sie dich bei deinem Vorhaben zu unterstützen

Δ Berassle die Trommel

Δ Entzünde den Salbei

Δ Räuchere die Trommel und singe dazu dein Kraftlied

Δ Nimm die Trommel und wecke sie durch Reiben mit der flachen Hand

Δ Beginn sie langsam zu schlagen, versuche ein Gefühl für ihre Schwingung zu bekommen.

Δ Du wirst merken wenn die Trommel müde wird

Δ Bedanke dich bei den Verbündeten und opfere Salz oder Tabak

Δ Borge deine Trommel nicht her, gib sie nie aus der Hand!

Je inniger unsere Beziehung zu unserer Trommel ist, desto kraftvoller und intensiver wird sie wirken! In manchen schamanisierenden Kulturen wir die Trommel als das Pferd des Schamanen betrachten. Der Schamanen reitet auf der Trommel (ihrem Klang) in die schamanischen Welten. Die Trommel ist wie ein Pferd, und ein Pferd will gut betreut und versorgt sein! Halten wir uns daran, wird es uns weit bringen und uns ein treuer Gefährte und Freund sein.

Trommeltechniken für Fortgeschrittene

Die Trommel als Gefäß

Natürlich kann man mit Hilfe der Trommel noch wesentlich mehr machen als in die schamanische Welt zu reisen. Die Trommel ist auch ein *Gefäß,* das heißt sie kann Energien, positive wie negative aufnehmen. Ich verwende meine Trommel auch zum Auffangen negativer (meint verbrauchter) Energie, also z.b. negativer Emotionen meiner Klienten.

Mit Hilfe einer Feder oder des Streichbüschels leite ich die aufgestauten Energien in die am Boden liegende (mit dem Fell nach unten) Trommel ab. So kann ich die Energien transportieren, sie sind sozusagen in der Trommel gefangen, um sie später in der freien Natur durch Reiben des Felles und ausgiebiges Trommeln freizusetzen. Nun können die Energien gereinigt werden und fließen wieder in die Gesamtheit der kosmischen Energie ein um als Lebensenergie erneut dem ewigen Kreislauf zugeführt zu werden.

Wer dies versuchen möchte sei aber darauf hingewiesen, dass die nachfolgende Reinigung der Trommel (das Freisetzen der Emotionsenergie) eine absolute Notwendigkeit darstellt. Tut man dies nicht, oder mangelhaft, läuft man Gefahr einen Teil der negativen Energien in der Trommel anzusammeln. Diese können sich dann auf einen selbst oder einen Klienten übertragen. Das ist zwar keine Katastrophe, aber sehr unangenehm.

Blockaden und Panzer lösen

Schon die Schwingung der Trommel hat heilsame Wirkung. Wobei aber gesagt werden muss, dass auch hier keinerlei allgemein gültige Regel aufgestellt werden kann. Was für den einen gut und angenehm ist, kann beim anderen Panik oder Beklemmung auslösen. Fragen wir doch unsere Spirits bevor wir uns für eine Methode entscheiden!

Aber weit mehr als die hör- und fühlbare Schwingung der Trommel ist da noch die rein energetische, spirituelle Kraft wirksam. Sie ist es die Blockaden aufbrechen lässt und so manchen Panzer knackt! (vgl. Kap. VI)

Wir dringen hier in Bereiche vor, die wirklich den Fortgeschrittenen unter uns vorbehalten sein sollten. Denn jemandes Blockade zu lösen bedeutet auch mit all der Gefühlsflut und Emotion klarzukommen die dann mitunter losbricht. Hier sprechen wir bereits über Behandlungsformen die, trotz oder gerade wegen ihrer Einfachheit, massive Auswirkungen haben können. Denn selbst wenn wir „nur" über jemandem trommeln, so kann sich die eine oder andere Blockade auftun und der sonst vielleicht starke und unnahbare Mensch zu unseren Füßen verwandelt sich in ein wimmerndes Häufchen Elend aus dem der aufgestaute Schmerz von Jahrzehnten in einem nicht enden wollenden Tränenfluss heraus bricht.

Und doch ist dies eine Methode die wir uns selbst angedeihen lassen sollten.

Bei der folgenden beschriebenen Behandlung einer Klientin durch mich sei angeführt dass ich mich durch meine Krafttiere leiten ließ und nicht die Lautstärke der Trommel maßgeblich für den Effekt war. (Vorsicht! - nie zu laut über dem Körper des Klienten trommeln und den Ohrenbereich meiden, ansonsten besteht die Gefahr bleibende Hörschäden zu verursachen!)

Die Öffnung des Panzers - eine Behandlung (1999)

(Die Klientin 33 Jahre) klagt über Atemnot, Verspannungen im Nacken und über ständig kalte, bis taube Extremitäten. Abgesehen davon befindet sie sich in einer Lebenskrise. Die schamanische Diagnose zeigt einen Seelenverlust und ich kann einen dicken, dunklen Panzer um ihre Brust erkennen)

„...dann (nach entsprechender Vorbereitung) versuche ich den Panzer aufzubrechen. Dazu verwende ich einen geschliffenen Stein der mir schon seit Jahren zum rituellen Schneiden und Öffnen dient. Ich mache also einen langen „Schnitt" entlang des Brustbeines und „schneide" auch links und rechts unterhalb der letzten Rippe bis zum Rückgrat um den Panzer entfernen zu können. Aber der Panzer lässt sich (wahrgenommen im schamanischen Bewusstseinszustand) nicht entfernen. Somit greife ich auf die Trommel zurück um den Panzer „mürbe" zu machen. Die Klientin ist inzwischen in einen Tranceartigen Zustand verfallen und atmet stoßweise.

Nachdem ich meine Trommel geweckt habe beginne ich knapp über dem Körper der Klientin mit langsamen Schlägen. Nur selten öffne ich die Augen um den Abstand und die Klientin zu kontrollieren. Ich bin immer ca. 30 cm vom Körper der Klientin entfernt. Langsam (intuitiv) steigere ich Schlagfrequenz und Intensität der Trommelschläge. Dabei bewege ich mich nun über dem Brustkorb der Klientin. Nach gut einer Viertelstunde stöhnt die Klientin laut und nimmt einen sehr tiefen Atemzug. Dabei zuckt ihr Körper krampfartig. Dies wiederholt sich noch zweimal. Nun lasse ich die Trommel ausklingen und führe eine neuerliche Diagnose durch. Der Panzer hat sich verflüchtigt aber ich kann noch vage einige graue Fetzen erkennen die den Bereich des Kehlkopfes umschließen. Diese Fetzen oder Nebel entferne ich indem ich sie mit Hilfe einer Feder in die Trommel streiche. Die Klientin ist unvermittelt „aufgewacht" und berichtet unter Tränen dass sie frei atmen könne und sich so leicht wie noch nie zuvor fühle und vollkommen entspannt sei. Ich lasse sie in Ruhe berichten, dann beginne ich mit der Seelenrückholung..."

Die Behandlung mit der Trommel musste noch einmal wiederholt werden. Die Beschwerden der Klientin verschwanden nach der zweiten Behandlung und gleichzeitig begann die Klientin den Weg zur Mitte zu gehen.

2. Die Rassel

Wenn wir die Spirits einladen zu uns zu kommen, wenn wir uns vorbereiten ein Ritual durchzuführen, wenn wir einen Raum im Raum bestimmen, dann verwenden wir die Rassel. Ihre Schwingungsfrequenz ist anders als die der Trommel. Wenn wir die Rassel verwenden schwingen wir uns auf eine Frequenz ein, welche der Frequenz nahe ist in der die Nichtalltägliche Wirklichkeit schwingt. Mit der Rassel übertragen wir Energie und können differente Energieebenen einander angleichen. Die Rassel ist verbindend.

Die Rassel als Mikrokosmos

In der Rassel befinden sich für gewöhnlich Samen, Bohnen oder kleine Kiesel. Diese „Füllung" entspricht jedoch nicht dem eigentlichen Sinn der Rassel und wird dem schamanischen Gebrauch dieses Objekts kaum gerecht. Denn traditionell stellt der Inhalt der Rassel den materiellen Aspekt der Verbündeten dar. So finden sich in den Rasseln der wahren Schamanen eben physische Teile der Verbündeten. Jeder Kiesel, jedes Knochenstück und jeder Pflanzenteil stellt eine Verbindung zum entsprechenden Wesen in der schamanische Welt her. Wird die Rassel geschüttelt werden diese Wesen geweckt!

Um den Sinn und Wert eines solchen Objekts zu verstehen können wir uns mit der Symbolik der Pfeife der nordamerikanischen Indianer befassen. An ihrem Beispiel wird am besten deutlich worum es geht: Der Pfeifenkopf aus Pipestone, das Holz aus dem der Stiel gefertigt ist, die Federn, die Farben, alles hat Bedeutung und ist mit den Gesetzmäßigkeiten des Universums verknüpft. (entsprechende Literatur findet sich im Anhang) Die Pfeife ist aber weit mehr als nur Symbol. Denn gleichzeitig ist sie ein lebendiges Wesen, hat eine Seele.

Auch die Rassel hat eine Seele und Funktion zugleich. Sie ist ein wichtiges Bindeglied zwischen der spirituellen Welt und der alltäglichen Wirklichkeit. Somit wird deutlich wie wichtig auch die äußere Form dieses Objekts ist. Aber wir haben verlernt diese Dinge selbst anzufertigen. Wie wir es gewohnt sind begeben wir uns in ein Fachgeschäft und geben mehr oder weniger Geld für eine schöne Rassel aus. Je exotischer desto teurer. Aber dies ist nicht der eigentliche Sinn der dahinter steht. Wenn wir unserer Rassel selbst herstellen, oder eine gekaufte entsprechend neu bestücken und für unsere Zwecke adaptieren wird auch die Verbindung zu ihr und ihre Wirkung stärker und intensiver. Hier ist der Einzelne aufgerufen aktiv zu werden.

Reinigung der Rassel

Wie die Trommel müssen wir auch unsere Rassel vor ihrem ersten Gebrauch reinigen und auf uns einschwingen. Dies geschieht mit demselben Ritual wie bei der Reinigung der Trommel. Und wieder gilt dass man seine Rassel nicht herborgt.

Auch sie ist eines der intimsten und persönlichsten Objekte die wir besitzen!

Professionelle Arbeit mit der Rassel

Jedes Ritual, jede schamanische Reise sollte damit beginnen dass wir unsere Verbündeten mit der Rassel rufen. Wieder gelten die drei Gebote aus Kapitel XV. Erst wenn wir alle Energie in unsere Absicht, in das Rasseln legen können wir die Schwingung des Ortes an dem wir uns befinden und somit unsere eigene Schwingung verändern und der Schwingung der Nichtalltäglichen Wirklichkeit angleichen. Unsere Absicht sollte klar, unser Tun frei von Angst oder Ehrgeiz sein. Die Rassel zu gebrauchen ist eine heilige Handlung!

Jeder reagiert individuell

Wenn wir in der Gruppe arbeiten und jeden von Kopf bis Fuß „ausrasseln" wird jeder der Teilnehmer unterschiedlich reagieren. Der eine wird eine angenehme Wärme fühlen, der andere wird spüren wie sich ihm die Nackenhaare sträuben. Jeder reagiert so wie er eben soll. Es gibt eben kein allgemein gültiges Rezept, keine Norm wie mann/frau zu reagieren hat. Aber im Endeffekt haben wir die Teilnehmer aufeinander eingestimmt.

Ein weiterer Vorteil der Rassel ist der leichte Transport dieses kraftvollen Instrumentes. Nicht immer wird es uns möglich sein unsere Trommel mitzunehmen. Vor allem der Regen kann die Spannung der Trommel verändern, was dazu führt, dass wir ihr keinen Ton entlocken können. Aber wir können auch zum Klang der Rassel reisen. Ihr Klang ist unauffälliger und ruft niemanden auf den Plan den Ursprung des Trommelgeräusches zu finden. Zusätzlich sollten wir uns bewusst sein, dass wenn wir uns in Naturschutzgebieten aufhalten, unser schamanisches Trommeln von Wildhütern oder Bergwacht als Lärm missverstanden werden kann. (auch Wildtiere können in Panik geraten!) Somit ist der Gebrauch der Rassel eine großartige Alternative.

Das schamanische Reisen mit Hilfe einer Rassel will jedoch gelernt sein. Und so mancher der die Trommel als Reisevehikel gewöhnt ist wird anfangs etwas Schwierigkeiten haben sich umzustellen.

Die Rassel als Instrument zur Behandlung

Klang und Frequenz der Rassel wirken mitunter harmonisierend auf das Energiefeld des Körpers (Aura) und haben ausgleichende Eigenschaften auf unser Nervensystem. So lassen sich Unruhezustände, Anflüge von Panik oder z.B. Kopfschmerz aber auch nervös bedingte Übelkeit positiv beeinflussen. Wieder gilt das Individualitätsprinzip, wieder gibt es keine Norm. Wenn wir behandeln so sollten wir mittlerweile schon ganz natürlich den Rat unserer Krafttiere einholen. Natürlich kann auch der Einsatz der Rassel, in entsprechendem Kontext, massive Wirkung zeigen und so mancher Klient der die Trommel zwar angenehm aber nicht weiter aufregend fand, zeigte bei der Behandlung mit der Rassel extreme Reaktionen.

Der folgende Bericht soll eine solche Reaktion veranschaulichen:

Der Klient (42a) klagt über starke Angespanntheit, Kopfschmerz sowie über die Unfähigkeit aus seinem Alltag auszubrechen. Die schamanische Diagnose zeigt Eindringlinge im Bereich der Nieren sowie eine starke Blockade (eine Art von Panzer) im Bereich des Sternums.

„...dann (nach der Vorbereitung) beginne ich (der Autor) zu rasseln und mein Kraftlied zu pfeifen. Schon währenddessen beginnt der Klient über Übelkeit zu klagen, ihm schwindelt und er friert (trotz Wolldecke und Raumtemperatur von sicher 25°C). Ich breche ab um mich kurz mit ihm zu besprechen. Dann mache ich weiter und beginne ihn vom Kopf abwärts zu berasseln. Sobald ich in den Sternumbereich gelange beginnt der Klient leicht zu zucken. Er verdreht die Augen, und versucht sich an der Wolldecke festzuklammern. Dann wird er ruhiger und atmet normal. Nach kurzer Zeit berichtet er, dass er etwas Heißes an seiner Stirn fühle. Seine Nieren schmerzen, aber der Schwindel ist vergangen. Ich behandle weiter mit der Rassel. Plötzlich schreckt der Klient auf. Er beginnt zu würgen und hustet ausgiebig. Wir müssen abbrechen da er unbedingt auf die Toilette muss. Dieselbe sucht er im Verlauf der einstündigen Behandlung gut zehnmal auf...Danach (nach der Extraktion) besprechen wir uns erneut."

Er schildert wie intensiv er das Rasseln empfunden hat und welche Reaktionen es in ihm ausgelöst hat. Der Kopfschmerz bleibt verschwunden, die Schmerzen im Nierenbereich ebenso. Bezüglich des Bereiches um dass Sternum gibt der Klient an sich sehr frei und „hell" zu fühlen.

Bei einer Behandlung gute vier Wochen später reagiert er auf das Trommeln kaum, jedoch sobald die Rassel ins Spiel kommt stellen sich ähnliche Reaktionen (wenn auch schwächer) wie bei der ersten Behandlung ein. Der Klient hat mittlerweile das schamanische Reisen erlernt und hat viele Bereiche seines Lebens ändern können.

3. Kraftobjekte

Es existieren Objekte und Kraftobjekte, physische Formen ohne weiteren Hintergrund oder spirituelle Bedeutung und Formen die sich durch eine ganz besondere Eigenschaft auszeichnen: Diese besondere Eigenschaft besitzen so genannte Kraftobjekte, denn nur sie existieren in der Alltäglichen Wirklichkeit wie in der Nichtalltäglichen Wirklichkeit.

Diese einfache Definition der Kraftobjekte macht auch die Unterscheidung einfach. Noch klarer wird die Erklärung über ein Beispiel: Du findest im Wald eine Feder. Du nimmst sie mit nach Hause. Dort ziert sie deinen Schreibtisch oder wandert zu den anderen, in all den Jahren gefundenen Federn. Dann, nach einiger Zeit setzt sie Staub an. Und irgendwann hat sie ihre Bedeutung für dich, ihre Geschichte verloren und ist stummes, staubiges Requisit. - Soweit der nicht- schamanische Aspekt. Aber wir wissen ja mehr, wir sind fähig in die schamanische Welt zu reisen und dort mit unseren Verbündeten zu kommunizieren.

Nun wollen wir dieselbe Situation vom Standpunkt eines Menschen betrachten der Schamanismus praktiziert: Du findest im Wald eine Feder und nimmst sie mit. Dafür lässt du an der Stelle wo du sie gefunden hast etwas Tabak oder Salz als Dank, als Opfer zurück. Zu hause nimmst du die Feder in die rechte Hand und begibst dich auf eine schamanische Reise zu deinem Krafttier um zu erfahren wozu diese Feder gut ist. In der Unteren Welt angelangt zeigst du die Feder deinem Krafttier und es sagt dir, dass diese Feder zur Übertragung von Energie verwendet werden soll. Nach deiner Rückkehr aus der schamanischen Welt wirst du die Feder zu den anderen Gegenständen, den anderen Kraftobjekten in den Medizinbeutel legen um sie zu verwenden. Deine Regale sind aufgeräumt, in deiner Wohnung findest du keine Staubfänger ohne Geschichte. Du bist vom besessenen Sammler zum verantwortungsvollen Nutzer der Dinge geworden welche die Natur dir zum Geschenk gemacht hat.

Anders gesehen...

Aber auch der umgekehrte Weg macht aus einem Ding ein Kraftobjekt. Wenn wir auf eine schamanische Reise zu unseren Verbündeten gehen und sie um ein Kraftobjekt bitten, so kann es sein dass sie uns detaillierte Angaben machen wo wir dieses Objekt finden werden, oder sie zeigen uns ein Bild des Objekts und später werden wir es in der alltäglichen Welt wieder finden.

Aber egal auf welche Art wir unsere Kraftobjekte erhalten. Wenn wir sie verwenden wollen müssen wir auch sie zuerst reinigen und uns mit ihnen verbinden. Dies geschieht innerhalb eines Ritualrahmens wie bei Trommel und Rassel.

Die Funktion

Ebenso vielfältig wie die Form der Kraftobjekte ist auch ihre Funktion. Allein die Verbündeten wissen wie wir unsere Kraftobjekte einzusetzen haben. Mit manchen behandeln wir, mit manchen öffnen wir und mit anderen wiederum leiten wir Energie.

Aber alle Kraftobjekte haben Gemeinsamkeiten: Sie sind unser persönlichster Besitz, sie sind heilige Werkzeuge, die ein Schamane nie und nimmer aus der Hand geben würde, außer er gibt sie an seine Nachfolger weiter.

Wenn wir uns an das System der Kreisbahnen erinnern und uns selbst als Mitte einsetzten, dann sind die Kraftobjekte jene Punkte, welche uns am nächsten sind.

4. Andere Hilfsmittel

Mit der Zeit legen sich all jene, die intensiv schamanisch arbeiten eine Grundausstattung zu welcher Trommel, Rasseln, Kraftobjekte usw. umfasst. Daneben verwenden wir verschiedene Hilfsmittel um zu behandeln oder rituell arbeiten zu können. Ich persönlich beschränke mich auf die einfachen Dinge. Wenn ich räuchere so verwende ich dicke, kurze Räucherstäbchen aus gepresstem Zedernholz, oder noch lieber Salbei oder das Harz von Nadelbäumen. Die meisten Dinge finde ich in der Natur. Das ist billig und vor allem näher der Mitte. So wird das Sammeln von Baumharz zu einem kleinen Ritual und stärkt die Verbindung zur Natur. Meine Kraftobjekte bewahre ich in einem Lederbeutel auf, meine Trommel transportiere ich in einem eigenen Trommelsack. Ein anderes Gefäß beinhaltet mein Harz zum Räuchern, in einem Lederbeutel bewahre ich Salz auf. Dies sind die wichtigsten Dinge mit denen ich arbeite.

Eine Sonderstellung nehmen natürlich meine Kristalle ein. Sie sind ebenfalls Kraftobjekte und ihre Verwendung ist genau definiert. Wieder macht es nicht die Menge sondern die spirituelle Qualität, so finde ich mit den wenigen aber dafür kraftvollen Stücken die ich verwende mein Auslangen.

Natürlich kommt immer wieder etwas hinzu und im Gegenzug verlieren andere Objekte an Kraft. Wenn ich dann meine Krafttiere um Rat frage und sie sagen mir dass ich den Stein oder was auch immer wieder der Natur zurückgeben soll, dann habe ich kein Problem damit. Eigentlich ist alles das wir von der Natur erhalten nur geborgt. Und irgendwann, gleich wie wir selbst, müssen auch die Kraftobjekte wieder dem ewigen Kreislauf von stirb und werde zugeführt werden.

Kapitel XVII
Schamanisches Reisen im
therapeutischen Kontext
- die Theorie

Dieses umfangreiche Kapitel beschäftigt sich mit dem schamanischen Reisen in einem ganzheitlich-therapeutisch orientierten Kontext. Die einzelnen Vorschläge können zum Teil alleine zum anderen Teil vorzugsweise mit einem versierten Trommelhelfer durchgeführt werden bedürfen aber einer mehr oder weniger aufwendigen Vorbereitung und machen nur Sinn wenn die grundlegenden Techniken bereits gut beherrscht werden. Diese Reisen führen in unterschiedlichste Gebiete und haben die unterschiedlichsten Wirkungen.

Die Vorbereitungen, die verwendeten Materialien, deren Anordnung, die Körperhaltungen und auch die Nachbereitung sind aus der täglichen Praxis entstanden und spiegeln die Erfahrungen vieler Klienten wieder, haben sich also bewährt. Natürlich ist alles abänderbar und an die persönlichen Bedürfnisse anpassbar, jedoch darf nicht vergessen werden dass ein zuviel an Reduktion und Veränderung den Sinn des Ganzen verzerren, ja zerstören kann. Der Hinweis darauf, dass diese speziellen Techniken und Kombinationen keinen Arztbesuch oder schulmedizinische Therapien ersetzen können muss hier von Rechtswegen erfolgen, ist aber ohnehin dem aufgeklärtem Leser klar.

Wer sich durch Übung und Experiment bis hier durch das Buch gearbeitet hat für den eröffnet sich mit den folgenden Methoden ein gewaltiges Spektrum an machbarer Erfahrung.

1. Umfeld

Schon den Schamanen der Urzeit war durch Versuch und Scheitern klar geworden dass unterschiedliche Umfelder ganz unterschiedliche Erlebnisse im veränderten Bewusstseinszustand generieren können. Auch uns erscheint erschließt sich diese Logik bei der Vorstellung eine schamanische Reise in den dunklen Tiefen einer Tropfsteinhöhle zu versuchen oder diese bei Tage, am sonnenüberfluteten Kraftplatz zu beginnen. Alles hat Einfluss auf das eigene Empfinden: Temperatur und Gerüche, Luftfeuchtigkeit und Geräusche, selbst der Untergrund auf dem wir liegen beeinflusst den Verlauf unserer Reise, steuert zum aktuell Erlebten bei. So verwundert es nicht dass schamanische Reisen, mit derselben Intention, von ein und der selben Person aber an unterschiedlichen Orten durchgeführt, ebenso unterschiedliche Ergebnisse bringt. Die bewusste Auswahl eines entsprechenden Umfeldes kann somit als Steuerungselement und weiteres wichtiges Werkzeug das schamanische Reisen betreffend betrachtet werden. Mit der Zeit entwickelt so jeder Einzelne ein Gespür für unterschiedliche Umfelder. Im Zweifelsfalle empfiehlt es sich jene Orte zuvor im Rahmen einer schamanischen Reise (Mittlere Welt) aufzusuchen oder sich von seinen Verbündeten, seinen Krafttieren entsprechende Information zu holen.

2. Materialien

Auch die verwendeten Materialien haben entsprechend Einfluss auf das was wir erleben werden. Da sich Mensch und Umwelt ständig in Interaktion über den humanen Energiekörper und den Energiekörper bzw. die Schwingung bestimmter Objekte befindet ist klar dass auch dies, vor allem im rituellen Umfeld und mit verändertem Bewusstseinszustand Einfluss zu nehmen im Stande ist. Je massiver die Ausstrahlung oder Schwingung dieser Materialen ist, desto intensiver deren Einfluss. So stellen wirkliche Kraftobjekte einen stärkeren Einfluss dar als sozusagen "Unbeseeltes" in unserer Nähe, bzw. Objekte denen wir keine Bedeutung beimessen weil wir keinerlei emotional-energetische Bindung an sie haben.

Als Beispiel sei erwähnt, dass die Taschenuhr des Großvaters, die wir seit wir Kind sind kennen, die er sein halbes Leben lang bei sich getragen hat, und die wir jetzt bei der unserer schamanischen Reise in der Hand halten mit Sicherheit dazu hilfreich beitragen wird um mit dem Ahnengeist des Großvaters in Verbindung treten zu können. Auch das ist ein energetischer Prozess der schlicht aus den Faktoren verstärkte Erinnerung an die Person(über Großvaters Uhr), ausgelöste Emotion (energetische Resonanz der Energiefelder) sowie Veränderung des eigenen Energiefeldes da sich dieses im veränderten Bewusstseinszustand ausdehnt (der Energiekörper wird weiter, größer) und sich mit dem Energiefeld der Uhr (in ihrem Energiefeld eingelagert ist die Information "Großvater") mischen kann. Es entsteht eine energetische Interaktion zwischen Uhr und dem Reisenden, welche nun, da sich der Reisende in rituellem Umfeld und verändertem Bewusstseinszustand befindet, auf die Realität der Reise auswirkt. Dies geschieht mehr oder weniger mit allem was wir in den "Kreis" in den rituellen Rahmen einbringen: Kristalle, Pflanzen, Erinnerungsstücke, Geräusche, Düfte, usw.

Alle "Zusätze" zur Reise sind als Art Navigationshilfen zu verstehen, aber Vorsicht: Viele Köche verderben den Brei. Man tut gut daran auch hier Disziplin zu wahren da sonst ein unüberschaubarerer Mix entsteht welcher eher zur Verwirrung und Verirrung als zur Orientierung beiträgt.

Auch hier entscheiden bewusstes Tun, Disziplin und Übung darüber ob man am Ende auf ein Sammelsurium undefinierbarer Arrangements die mehr verwirren als helfen zurückblickt oder aber auf eine gut sortierte Werkzeugkiste zurückblicken kann in welcher man schon nach kurzer Überlegung das richtige Werkzeug findet um damit sich selbst wieder reparieren zu können.

3. Die Vorbereitung

Bisher sind wir ohne aufwendige Vorbereitungen ausgekommen, aber ab sofort befinden wir uns in einem Kontext der, um entsprechend Erfolg zu haben, etwas mehr an Arbeit und Hingabe erfordert.

Da jede Kette bekanntlich nur so stark wie ihr schwächstes Glied ist stellt sich die Arbeit im energie-therapeutischen Kontext etwas komplexer dar. So dienen neben dem gewählten Umfeld und den verwendeten Materialien auch spezielle Tees und Bäder der Unterstützung des Reisenden. Hier treffen nunmehr Rezepte aus dem Curanderismo Mexikos und Lateinamerikas auf die Technik des neo-schamanischen Reisens, eine Verbindung welche sich als äußerst hilfreich (auch heftig!) erwiesen hat.

Die Bäder dienen einer energetischen Vorbereitung welche dahingehend wirkt dass der Energiekörper zum einen eine intensive Reinigung erfährt, zum anderen verändern die unterschiedlichen Rezepturen die Frequenz des Energiekörpers und passen diesen, mit unter schon im Vorfeld spürbar, an die Absicht der Reise an. Die unterschiedlichen Tees wiederum stellen wie die Bäder uraltes Wissen in neuer Form dar und beeinflussen vor allem die Energiebahnen des Körpers, helfen eventuell bestehende Blockaden zu lösen und schaffen eine innere Ordnung welche für den Erfolg der Reise von Nöten ist.

Zudem sind Bäder und Tees Hilfsmittel zur Bewusstwerdung und unterstützen uns dabei so gut wie möglich im Hier und Jetzt zu sein. Vor allem bei den Tees ist es unabdingbar sich strikt an die Mengenvorgaben zu halten und bei eventueller Unverträglichkeit diese in nicht zu sich zu nehmen. Die Eigenverantwortung liegt bei jedem Selbst. (Autor und Verlag übernehmen keinerlei Verantwortung.)

4. Die Nachbereitung

Das Erlebte will Schluss endlich ja auch verarbeitet werden. Dies kann nicht korrekt von statten gehen wenn es an entsprechender Nachbereitung fehlt. Diese dient vor allem der Bewusstwerdung, Harmonisierung und der Umsetzung im energetischen Sinn. Auch hier finden Bäder und Tees Verwendung die sich bestens bewährt haben.

5. Körperhaltungen

Es mag dem Anfänger seltsam, ja vielleicht sogar zu Beginn störend erscheinen, eine andere Körperhaltung einzunehmen als die des "auf dem Rücken Liegens". Für die meisten Reisen im Neo-Schamanismus ist diese Haltung durchaus gut genug, aber wenn man für ernsthafte Experimente bereit ist öffnet sich hier eine Tür in bisher unbekannte Regionen der schamanischen Welt. Nicht die Frage des "angenehm" oder des "unangenehm" stellt sich hier sondern die Frage der machbaren Erfahrung und dass bei unterschiedlichen Problemstellungen unterschiedliche Körperhaltungen zu deren Lösung zum Einsatz kommen besitzt eine innere Logik der man sich nicht so leicht entziehen zu vermag. Aber keine Angst, es wird hier keine Verbindung von Yoga und schamanischem Reisen erzwungen wobei die Idee doch auch einen gewissen Reiz hat.

6. Trommel und Rassel

Trommel und Rassel zeichnen sich nicht nur dadurch aus dass die damit erzeugten Geräusche grundverschieden sind sondern vor allem dadurch dass bei gleicher Schlagzahl unterschiedliche Frequenzbereiche erzeugt werden. Daraus ergibt sich ein nicht ganz so breites Spektrum unterschiedlicher Einsatzmöglichkeiten und Kombinationen. Mal wir die Rassel bevorzugt zum Einsatz kommen ein anderes Mal die Trommel und in seltenen Fällen werden beide, zur selben Zeit benötigt. Dazu kommt noch dass es massive Unterschiede in der Position der Trommel oder Rassel zum Reisenden gibt! So fällt die z.B. die gewöhnliche Reise in die Obere Welt wesentlich leichter wenn der Trommelhelfer am Kopf (aber nicht zu nah!) des Reisenden positioniert ist. Und ebenso fällt es vielen Menschen leichter in die Untere Welt zu Reisen wenn der Helfer zu Füssen des Reisenden sitzt. Die Reise zum Salzgeist, um ein Beispiel zu nennen, wird beim Gebrauch der Rassel intensiver erlebt als mit der Trommel. Offensichtlich findet sich hier eine Affinität zwischen Salz und Rassel, was nahe liegend erscheint vergleicht man das Geräusch einer "kreisenden" Rassel mit dem Geräusch welches eine große Menge rieselnden Salzes erzeugt. (z.B. Streusalz bei der Verladung). Die Rassel besitzt eine, man könnte sagen, "kristalline" Natur. Die Trommel hingegen scheint "erdiger" oder "höhliger" Natur zu sein.

7. Die Durchführung

Wichtig ist hier etwas akribisch vorzugehen. Das heißt: Erst mal ganz genau definieren worum es geht, welcher Art das Problem ist und daraus eine Absicht ableiten. (vgl. schamanische Disziplin). Sich dabei der "gewöhnlichen" schamanischen Reise bedienen.

Dann gilt es einen Zeitplan fest zu legen und alle Materialien zu besorgen. Wenn alles bereit ist sich nochmals der Unterstützung des Helfers (sofern notwendig) versichern.

Dann Bäder und Tees vorbereiten sodass keine Ablenkung mehr die Absicht verwässern kann. Das rituelle Umfeld ist essentiell! Für Therapeuten welche diese Methoden anwenden wollen gilt: Sich zu aller erst versichern dass der Klient zu einhundert Prozent verstanden hat worum es geht und dass er/sie die grundlegende Technik des schamanischen Reisens beherrscht. Nichts suggerieren! Und vor allem dafür Sorge tragen dass mehr als genug Zeit vorhanden ist.

Dass die Anwendung dieser fabelhaften Techniken im herkömmlichen Praxisalltag aufgrund des Aufwandes von Material und Zeit kaum möglich sind ist mir klar, dennoch liegt es auch am Therapeuten in wieweit er Willens (und in der Lage) ist seinen Praxisalltag an die Bedürfnisse des Klienten anzupassen. Therapeuten die sich darauf einlassen, entdecken aber in der Regel recht schnell dass sie so in der Lage sind eine therapeutische Nische zu füllen die vielen Klienten/Patienten massive Hilfestellung zur Erreichung eines seelischen und körperlich-energetischen Gleichgewichtes sein kann. Natürlich liegt die Verantwortung und die Entscheidung ob diese Techniken im Praxisalltag (!) zur Anwendung kommen beim Therapeuten selbst. Er ist der Fachmann der auf Grund seiner Ausbildung die richtige Therapieform zum Wohle seiner Klienten auszuwählen im Stande ist.

Kapitel XVIII
Schamanisches Reisen im
therapeutischen Kontext
- die Praxis

Zur Orientierung

Die folgenden Reisen sind hier als "Sequenzen" bezeichnet da sie einen (wichtigen) Teil eines ganzheitlich-therapeutischen Ablaufes darstellen. Diese Sequenzen unterteilen sich in Vorbereitung, Durchführung und Nachbereitung. Diese Abfolge ist logischerweise einzuhalten. Sollten bestimmte Materialien nicht zur Verfügung stehen können diese wenn nicht anders möglich weggelassen werden, bzw. kann durch das Experiment versucht werden Ersatz zu finden. Prinzipiell sind die vorgeschlagenen Kombinationen so an Europäische Verhältnisse angepasst, dass es keine Probleme im Sinne der Beschaffbarkeit geben dürfte.

In den einzelnen Sequenzen finden sich:

Die Absicht: z.B. Sequenz 1, Reise zum Salzgeist

Das Thema: wobei dies als prinzipieller Vorschlag zu verstehen ist der zugleich die Erfahrungen aus der Praxis eben themenbezogen widerspiegelt.

Ziel: Untere Welt. Obere Welt, Mittlere Welt, Objekte usw.

Vorbereitung: gibt an ob Bad, Tee, Massagen oder ähnl. hilfreich sind

Nachbereitung: gibt an was zur Nachbereitung empfohlen wird

Material: Aufzählung der im Ritual(!) benötigten Objekte und Hilfsmittel

Dann folgen entsprechend Beschreibungen von Tees und Bädern für die Vor- und Nachbearbeitung.

Durchführung: Beschreibung zur Gestaltung der Rahmenbedingungen und Empfehlungen für die Positionierung der Materialien, Vorschläge für Körperhaltung und Reisedauer.

Nachbereitung: Hinweise zur Nachbereitung und ggf. anderen "Indikationsbeispielen"

Bäder und Tees sind, wenn nicht anders beschrieben unmittelbar vorher bzw. nachher zu nehmen. (30 Minuten bis max. 1 Stunde)

Die Bäder nicht zu heiß (!) nehmen. Bei allem gilt: NICHT ÜBERTREIBEN!

Legende

1 Hand voll = entspricht in etwa 1 Esslöffel, stellt jedoch immer ein persönliches (!) Maß dar

3 F = "Fingermaß" bezeichnet jene Menge die man mit drei Fingern greifen kann

1 EL = 1 Esslöffel

1 TL = 1 Teelöffel

1 Tr = 1 Tropfen

Persönliches rituelles Umfeld

jener individuelle rituelle Rahmen der sich aus der Arbeit bisher ergeben und bewährt hat.

1. Die allgemeinen Sequenzen

Sequenz 1 - Die Reise zum Salzgeist

Thema: Reinigung, Erneuerung, auch Neuorientierung
Ziel: Untere Welt
Vorbereitung: Bad
Nachbereitung: Bad
Material: Salz, Rassel, 4 weiße Kerzen, persönliches rituelles Umfeld*

Bad zur Vorbereitung

1 kg Salz (grobes Meersalz)
1 EL Alaun (Apotheke)
1 Hand voll Rosmarin
5 Minuten in ca. 3 lt Wasser kochen, abseihen und die Hälfte dem Badewasser zugeben.

---

* bei allen Sequenzen

4 weiße Kerzen um die Badewanne anordnen
Badedauer ca. 15 Minuten

Bad zur Nachbereitung

Mit der zweiten Hälfte des Absudes ein neues (!) Bad präparieren ansonsten wie oben, Badedauer nach Gefühl.

Durchführung

Körperhaltung
Auf dem Rücken, die Arme zur Seite gestreckt
In beiden Händen etwas Salz halten

Helfer
Am Fußende
Rasseln 15-20 Minuten bzw. mit CD

Ziel
Untere Welt mit der Absicht dem Geist des Salzes zu begegnen um ihn um "Auflösung und Neukristallisation" zu bitten.

Nachbereitung
Bad wie beschrieben
In Zeiten des Stillstandes, des Gefühles massiver Verunreinigung, bei anstehenden großen Veränderungen oder während schwieriger Ablösungsprozessen ist die Reise zum Geist des Salzes zu empfehlen. Sie kann heftig und emotional erlebt werden und auch das Gefühl der körperlichen Auflösung kann einige Tage anhalten. (crisis curativa - Heilkrise)

Sequenz 2 - Reise zum Lehrer

Thema: Wissen, Wachstum in geistiger Hinsicht
Ziel: Obere Welt
Vorbereitung: Bad
Nachbereitung: Ruhe, Kontemplation
Material: Bergkristall (keine Spitzen, Trommelstein), Rassel

Bad zur Vorbereitung
1/2 Kg Salz (grobes Meersalz)
10 Tropfen äth. Kampferöl oder besser. Ho-Öl
1 TL Alraun

Gut vermengen. Am besten in einem großen Glas ansetzen, gut verschütteln und über Nacht stehen lassen. Dann ins Badewasser geben.
Badedauer 10-15 Minuten

Durchführung

Körperhaltung
im Yoga- bzw. Schneidersitz
Hände im Schoss
Linke Hand unter rechter Hand
in der rechten Hand der Bergkristall

Helfer
vor dem Reisenden, ihm zugewandt
Rasseln 15-20 Minuten oder mit CD

Ziel
Obere Welt - der Lehrer mit der Absicht ihn um "Wissen und Aufklärung" zu bitten.

Nachbereitung
Meditation, Ruhe, Schlaf
Bei geistiger Arbeit, in Planungsphasen, um "Durchblick" zu bekommen.
Die Reise kann auch mit einer konkreten Frage unternommen werden.

Sequenz 3 - Begegnung mit Mutter Erde

Thema: Neugeburt, Pachamama, Verbindung mit der Mutter Erde, Weiblichkeit
Ziel: Mittlere Welt
Vorbereitung: Bad, Tee
Nachbereitung: Bad, Tee
Material: Trommel, Erde, 4 faustgrosse Steine, dunkle Decke
Nicht ohne Helfer!!

Bad zur Vorbereitung
1 EL Eisenkraut
1 TL Palo Santo
1 EL Blutwurz
1 EL Salbei
Alles in ca. 3 Lt. Wasser 10-15 Minuten kochen, abseihen und die Hälfte dem Badewasser zugeben. Im Dunkeln ca. 15 Minuten baden.

Bad zur Nachbearbeitung
Mit der zweiten Hälfte des Absudes ein neues Bad präparieren. Badedauer 10 Minuten nach Gefühl.

Tee zur Vorbereitung und Nachbereitung
3F Eisenkraut
3F Blutwurz
3F Rosmarin
3F Johanniskraut
in ca. 500 ml Wasser 5 Minuten Kochen.
Nicht süßen. 1 Tasse zur Vorbereitung, 1 Tasse zur Nachbereitung

Durchführung

Körperhaltung
Embryonalstellung nach links
Etwas saubere Erde (Blumenerde) als Unterlage (Leintuch darunter legen)
Der Reisende wird mit einer dunklen Decke abgedeckt welche an den Ecken von den vier Steinen nieder gehalten wird. (nichts für klaustrophobische Persönlichkeiten! Auf genügend Luftzufuhr achten!)

Helfer
am Fußende
Trommeln 20-30 Minuten

Ziel
Untere Welt, mit der Absicht "Pachamama", der Mutter Erde selbst zu begegnen um mit ihr verbunden zu werden. Diese Erfahrung kann heftige Reaktionen hervorrufen. Die Betreuung durch den Helfer ist hier besonders wichtig.
Die Wiederverbindung mit Mutter Erde kann zur Lösung unterschiedlichster Probleme angewendet werden. Besonders sei hier erwähnt: Probleme mit der eigenen Körperlichkeit, Kopflastigkeit und Abgehobenheit, typische "Frauenleiden" wie Mensturationsbeschwerden und Unfruchtbarkeit, Probleme in der Menopause. Männern sei diese Technik besonders ans Herz gelegt um die weibliche Seite zu entdecken bzw. zur Selbstfindung und Kraftschöpfung in Zeiten der Überforderung.

Nachbereitung
Bad und Tee wie beschrieben. Dann (in den folgenden Tagen) aktiv sein! Wandern, körperliche Betätigung, viel Licht und Sonne

Sequenz 4 - Verdichtung des Energiekörpers

Thema: Schutz, Verbesserung des energetischen Immunsystems
Ziel: Mittlere Welt
Vorbereitung: Bad
Nachbereitung: Tee
Material: Trommel, 4 kleine Bergkristalle, 4 kleine Steine

Bad zur Vorbereitung
1 Handvoll Kristallsalz
1 Handvoll Rosmarin
1 EL Eisenkraut
alles in ca. 1 Lt Wasser 5 Minuten Kochen, abseihen, ins Bad geben.
Badedauer ca. 15 Minuten.

Tee zur Nachbereitung
12 Stk. Wacholderbeeren
1 Stk. Sternanis
3F Rosmarin
3F Johanniskraut
alles in ca. 750 ml kaltes Wasser geben, 1x aufkochen, abseihen.

Durchführung

Körperhaltung
auf dem Rücken liegend
Hände über der Brust gekreuzt
Die Bergkristalle und Steine bilden abwechselnd einen Kreis, beginnend am Kopfende mit einem Bergkristall.

Helfer
am Fußende.
Trommeln 15 - 20 Minuten oder CD

Ziel
Den eigenen Körper wahrnehmen mit der Absicht auch den Energiekörper zu spüren und diesen zu weiten.

Diese Reise hilft eindrucksvoll den eigenen Energiekörper wahrnehmen zu lernen, stärkt das Abwehrsystem (auch das physische) und lässt uns dem Alltag stärker und geschützter begegnen. Die Wirkung kann durch rote Kleidung noch verstärkt werden.

Nachbereitung
Tee, 3x täglich 1 Tasse 9 (!) Tage lang zu sich nehmen.

Sequenz 5 - Harmonie

Thema: Harmonisierung des physischen und energetischen Systems
Ziel: Kraftplatz in der Unteren Welt
Vorbereitung: Bad, Tee
Nachbereitung: Eventuell Massage
Material: Trommel, acht rote Rosenblüten, acht rote Kerzen

Bad zur Vorbereitung
1/2 Kg Salz (grobes Meersalz)
1 El Alaun
4 El Natron
vier rote Rosenblüten
3 Minuten in ca. 1-2 Lt Wasser kochen
abseihen und dem Badewasser zusetzen
Badedauer ca. 15 Minuten

Massage zur Nachbereitung
Ganzkörpermassage mit erwärmendem Massageöl

Durchführung

Körperhaltung
Auf dem Rücken, rechte Hand auf dem Brustbein, linke Hand auf dem Unterbauch
Acht rote Kerzen bilden einen Kreis um den Reisenden
Die vier Rosenblüten bilden ein Kreuz, beginnend am Kopfende

Helfer
am Fußende
Trommeln für 15-20 Minuten oder CD

Ziel
Reise zum Kraftplatz in der unteren Welt um sich dort "einnorden" zu lassen. Alle Energieströme werden ausgerichtet und somit der gesamte Mensch harmonisiert.
Besonders hilfreich wenn man sein Leben in Unordnung empfindet, bei persönlichen Disharmonien in Beruf oder Partnerschaft. Körperlicher Disharmonie im Sinne von Verspannungen, Verkrampfungen, "nicht locker lassen können"

Die Nachbereitung sollte eine angenehme, ausgedehnte Ganzkörpermassage mit erwärmenden Ölen darstellen. Danach Ruhe, ein leichtes Abendessen, Schlaf.

2. Die organspezifischen Sequenzen

Zur Orientierung

Organspezifische Sequenzen sind immer Mittlere Welt-Reisen in den eigenen Körper um das betreffende Organ einerseits zu inspizieren, anderseits es wieder in einen natürlichen, also energetisch gesunden Zustand zu versetzen. Mann kann die organspezifischen Sequenzen auch als Reisen zur Organseele verstehen welche sich dem Reisenden auf individuelle Weise eröffnen kann.

Diese Reisen können physische Heilungsprozesse unterstützen und stellen zugleich einen Zugriff auf die dem Organ zugeordnete Psychokomponente dar. Dies kommt besonders zum Ausdruck wenn man, was hier den Rahmen sprengen würde, die Zusammenhänge von Organ und Psychischer Komponente wie sie in der TCM (traditionelle Chinesische Medizin) beschrieben wird als Erklärungsmodell heranzieht.

Das "Thema" der jeweiligen Sequenz meint hier, anders als in den vorherigen Sequenzen, den pathologischen Zustand in Bezug auf die psychische Komponente des Organs sowie mögliche körperliche Symptome die lediglich eine Auswahl darstellen und, so vorhanden, immer einer Abklärung durch den Arzt bedürfen. Physische Manifestationen können im Detail mit Hilfe der Krankheitsmodelle in der TCM über entsprechende Literatur abgeleitet werden (s. Anhang, Literatur).

Das "Ziel" in allen Sequenzen ist die Wiederherstellung eines energetisch gesunden Zustandes und wird in den folgenden Sequenzen nicht mehr gesondert beschrieben.

Es versteht sich von selbst dass Erfolge sich nur dann einstellen wenn eine gewisse Kontinuität eingehalten wird. Eine Reise pro Woche ist ausreichend, Übertreibungen gehen zu Lasten der Qualität der Erfahrung.

Sequenz 1 - Leber

Thema:
psychisch: Stau, Einengung, Frustration, Aggression, Wut, Stress
Organisch: Zyklusschmerzen, Kopfschmerzen, Beklemmungen, Blähungen, Anämie, Hitzewallungen, Schwindel...
Ziel: Die Leber
Vorbereitung: Tee
Nachbereitung: Tee und Ruhephase
Material: Rassel, Bergkristall

Tee zur Vorbereitung
3F Fenchel
3F Beifuss
3F Anis
3F Odermennig
In ca. 500 ml Wasser 5 Minuten kochen, abseihen, nicht süßen
1 Tasse vor der Reise

Nachbereitung
Den Rest des Tees nach der Reise langsam trinken

Durchführung
Körperhaltung
auf dem Rücken liegend, beide Hände über dem Leberbereich, in einer Hand den Bergkristall halten.

Helfer
Rasselt über dem Leberbereich
Rasseln für 15-20 Minuten
Dem Reisenden kann sich die Leber, wie bei allen folgenden Organreisen auch, als Höhlensystem darstellen, das je nach Störung entsprechende Veränderungen aufweisen kann. Meist werden schon während der Reise positive Veränderung in diesen "Höhlen" erlebt was wiederum für die positive Veränderung signifikant ist. Der Zugang in diese "Höhlen" findet sich über die Körperöffnungen bzw. das Blutkreislaufsystem des Menschen. Im Prinzip überträgt man eine Untere Welt-Reise auf den eigenen Körper.

Sequenz 2 - Herz
Bei "Herz-Reisen" bitte Vorsicht! Sie sind für Menschen mit "schwachem Herz" manchmal ungeeignet und es kann zu Angstgefühlen und Herzklopfen führen. Dies erklärt sich aus der Tatsache dass man sich bei diesen Reisen in einem zentralen Organ aufhält das wie kein anderes in unserem Bewusstsein mit verschiedensten Gefühlen aber auch Ängsten verbunden zu sein scheint. Daher gilt: Sich langsam an die Sache herantasten. Im Zweifel von diesen Reisen Abstand nehmen.
Thema: Hysterie, Panik, Angst, schlechtes psychisches Immunsystem, Nervenschwäche, Unruhe...
Organisch: Schwächezustände, Kurzatmigkeit, Blässe, Nachtschweiß, Schwitzen generell...
Ziel: Das Herz

Vorbereitung: Bad
Nachbereitung: Ruhepause
Material: Trommel, 1 Hand voll Johanniskraut
Nicht ohne Helfer!

Bad zur Vorbereitung
1 Hand voll Salz (grobes Meersalz)
1 EL Alaun
3F Johanniskraut
3F Hopfen
3F Weißdorn
3F Melisse
In ca.1 Lt Wasser 2 Minuten kochen, abseihen.
Ins Badewasser geben. Badedauer ca. 15 Minuten.

Nachbereitung
Ausgiebige Ruhepause

Durchführung

Körperhaltung
Rechte Hand mit einer kleinen Menge Johanniskraut aufs Herz. Die linke Hand, ebenfalls etwas Johanniskraut halten, auf den Nabel.

Helfer
Am Fußende, gut zwei Meter vom Reisenden entfernt.
Trommel in halber (!!!) Geschwindigkeit, eher leise, für 15-20 Minuten.
Sollten Angstgefühle, Beklemmungen oder Herzklopfen auftreten die Reise unbedingt abbrechen. Im Allgemeinen wird diese Reise als stärkend und beruhigend erlebt. Jedoch: Ausnahmen bestätigen die Regel. Jeder Mensch ist anders.

Sequenz 3 - Milz

Thema:
Psychisch: Grübeln, Konzentrationsstörungen, Denkzwang, Gedächtnisschwäche
Physisch: Ödeme, Bindegewebsschwäche, Allergien, Antriebslosigkeit, Schwäche, Übergewicht, Zysten, Sexuelle Störungen...
Ziel: Die Milz
Vorbereitung: Bad
Nachbereitung: Ruhephase
Material: Trommel, Blutstein

Bad zur Vorbereitung
1 Hand voll Salz
1 Hand voll Rosmarin
1 EL Alaun
4 EL Soda
10 Tropfen Ho-Öl
Alles mischen und über Nacht durchziehen lassen. Dann in heißem Wasser lösen und ins Badewasser abseihen. Badedauer: 15 Minuten

Durchführung

Körperhaltung
Auf dem Rücken, beide Hände auf dem Oberbauch. Den Blutstein in der rechten Hand halten.

Helfer
Am Fußende
Trommeln für 15-20 Minuten oder CD.

Nachbereitung
Angemessene Ruhepause, viel Trinken, Wärme.
Der Blutstein kann anschließend weiter am Körper getragen werden, sollte aber hin und wieder eine Reinigung in Salzwasser erfahren.

Sequenz 4 - Magen

Thema:
Psychisch: Aufarbeiten von Erlebtem,
Physisch: Reflux, Magenschmerzen, Übelkeit, Kältegefühl, Heißhunger, Untergewicht...
Ziel: Der Magen
Vorbereitung: kurzes Fasten
Nachbereitung: Tee, Fastenbrechen
Material: Rassel, Bernstein
Vor- und Nachbereitung: Diese Reise kann bestens in eine Fastenkur integriert werden. Vor und Nachbereitung richten sich nach der Kur.

Durchführung

Körperhaltung
Auf dem Rücken liegend. Bernstein in der rechten Hand, diese auf Magengegend platziert, Linke Hand auf Unterbauch bzw. Nabel.

Helfer
Rasselt über dem Magenbereich
Rasseln für 15 Minuten
Diese "Magenreise" kann auch als sehr unappetitlich erfahren werden, je nachdem welche energetischen Altlasten sich im Magen angesammelt und vielleicht schon physisch manifestiert haben.

Sequenz 5 - Lunge

Thema:
Psychisch: Trauer, Traurigkeit, Wehmut, Sentimentalität, Schwäche, Abgrenzungsproblematik, schnelle Überforderung...
Physisch: Asthma, Kurzatmigkeit, schwaches Immunsystem, Schwitzen, Allergien, Stimmversagen, chronische Infekte...
Ziel: Die Lunge
Vorbereitung: Atemübungen
Nachbereitung: Atemübungen, Ruhephase
Material: Rassel, kleiner Türkis, Kampfer oder Ho-Öl

Vor- und Nachbereitung: Alle Atemübungen welche die Lunge gut belüften. Weniger geeignet: Bauchatmung.

Durchführung

Körperhaltung
Auf dem Rücken liegend, die Hände in die Seiten gestemmt bzw. weit von sich gestreckt. Der Türkis (oder Türkisschmuck) im Brustbereich aufgelegt. Es kann auch aus mehreren kleinen Türkisen ein Muster gelegt werden. (s. Pöttinger, Harmonie und Heilkraft durch edle Steine, Bd. I u. II, im Anhang). Ein klein wenig Aroma Öl, Kampferöl oder Ho-Öl verdampfen.

Helfer
Am Kopfende, rasselt über dem Lungenbereich.
Rasseln für 15 bis 20 Minuten oder CD.
Zur Nachbereitung ist eine entsprechend ausgiebige Ruhephase unabdingbar.

Sequenz 6 - Nieren
Thema:
Psychisch: Furcht, Willensschwäche, Herrschsucht, geheime Ängste, Mutlosigkeit, Verzweiflung, Apathie...

Physisch: Kraftlosigkeit, Rückenschmerzen, Unruhe, Rheuma, Reizblase, sexuelle Störungen, Kälte in Händen und Füssen...
Ziel: Die Nieren
Vorbereitung: Tee
Nachbereitung: Tee
Material: Trommel, Jade (2 kleine Handsteine), eine weiße Kerze

Tee zur Vor und Nachbereitung
1 EL Rosmarin
1 EL Malvenblüten
1 EL Zimt
1TL Sternanis
3F Johanniskraut
12 Wacholderbeeren
Alles in ca. 2 Lt. Wasser 10 Minuten kochen, abseihen.
Vor der Reise 1-2 Tassen, den Rest während der Nachbereitung langsam trinken.
Während der nächsten drei Tage die Teekur wiederholen. (3-6 Tassen/Tag)

Durchführung

Körperhaltung
Am Bauch liegend, die Hände am Körper anliegend. Zwei kleine Jade-Stücke werden auf die Nierenbereiche gelegt. Die weiße Kerze befindet sich am Fußende.

Helfer
Am Fußende, bzw. über dem Reisenden die Trommel (mit viel Abstand!) über dem Nierenbereich.
Trommeln für 10 - 15 Minuten.

Die Reise in die Nieren kann im wahrsten Sinn des Wortes dem Reisenden "an die Nieren gehen". Oft wird man man verborgenen Ängsten konfrontiert oder erlebt im Höhlensystem der Niere eine emotionale Berg- und Talfahrt. So können die negativen psychischen Themen während der Reise episodenhaft in den Vordergrund drängen und auch eine entsprechende Symptomverschlimmerung im körperlichen Sinne kann während der ersten Ausflüge in diese Regionen erwartet werden.

Der Reisende sollte zur Nachbereitung die Möglichkeit haben auf das Erlebte im Gespräch zu reflektieren. Viel Verdrängtes kann hier ins Licht und somit ins Bewusstsein gespült werden.

Natürlich sind alle Sequenzen ausbaubar. Die beschriebenen Reisen stellen lediglich eine bewährte Auswahl an Möglichkeiten dar. Das Leben selbst wird dem erfahrenen Reisenden immer wieder neue Möglichkeiten für neue Sequenzen eröffnen. Für Therapeuten soll diese Aufzählung ein Anreiz sein die Problematik ihrer Klienten von dieser Seite aus in Angriff zu nehmen. Alleine schon der Umstand, dass der Klient (Patient) hier zum aktiven Teilnehmer wird, hat ein nicht zu unterschätzendes Maß an heilsamer Wirkung. So erschließt sich dem mündigen Klienten eine Realität in welcher er, kundig geführt und begleitet von seinem Therapeuten, sein eigenes Schicksal wieder selbst zu bestimmen im Stande sein kann. Der Zeitaufwand für diese Form der "begleitenden Therapie" scheint mir Angesichts der Erfolge mehr als nur gerechtfertigt.

Ausblick

Wir verstehen auch das Wesen des Neo-Schamanismus als einen modernen Weg zur Mitte, einen Weg mit Herz. Auf diesem Weg entwickeln wir uns weiter und wir werden mit kleinen Abzweigungen konfrontiert, die uns auf andere Wege mit Herz aber immer in Richtung Mitte führen. Wir lernen andere Menschen zu behandeln, wir bekommen den Auftrag auch andere von diesem Weg zu erzählen und wir bieten den Menschen die Möglichkeit selbst diese Erfahrungen, unbeeinflusst durch uns zu machen. Wir helfen und zeigen Wege auf, aber wir lassen den Suchenden, den Klienten, den Partner immer selbst entscheiden.

Wir haben das Prinzip der Mitte verstanden und erfahren. Dies ist eine Erfahrung und eine Wahrheit die wir unmöglich leugnen oder verdrängen können. Der Kontakt, die Kommunikation mit unseren Krafttieren hat uns auch neue Möglichkeiten die Welt wahrzunehmen aufgezeigt. Wir haben uns mit unserer Vergangenheit und der Energie, die in ihr gefangen ist auseinandergesetzt und das eine oder andere bereits integrieren können. Und wir wissen um die Einfachheit der Dinge aber gleichzeitig wissen wir über komplexe Zusammenhänge Bescheid.

Bewusst haben wir uns in die Enge des Trichters begeben, der keine halbherzigen Entscheidungen mehr zulässt. Wir haben gelernt Entscheidungen zu treffen und dies ohne Angst, Ehrgeiz oder anderer, falscher Ambition.

Die Geister der Berge, des Salzes, die Energielinien mit denen die Landschaft durchzogen ist, der Tod als relativierende Erfahrung, die Arbeit mit den Seelen Verstorbener und die Verbindung beider Welten über eine rituelle Handlung. All das haben wir verstanden, als Wissen in uns aufgenommen. Aber allein das Wissen nützt wenig. Letztendlich stehen wir vor der Entscheidung unser Wissen umzusetzen und uns alleine, vorurteilsfrei und ohne Furcht auf die Suche nach uns selbst, auf den Weg der zur Mitte führt zu begeben. Oder wir entschließen uns alles zu vergessen, zu verdrängen. Wir entschließen uns den Werten einer künstlichen Gesellschaft mit all ihrer falschen Moral zu gehorchen und so zu einem weiteren willenlosen Instrument einer unheilvollen Macht zu werden die sich Fortschritt und Zivilisation nennt. Aber wenn wir auch nur einen Bruchteil an schamanischer Erfahrung gemacht haben, und wenn der Leser dieses Buches das eine oder andere Erlebnis ähnlich an Intensität und Tiefe erfahren hat, dann ist die Entscheidung bereits gefallen. Denn das Zurück in die Peripherie aus Erklärung, Verwissenschaftlichung, Norm und geeinigter Realität kostet immense Kraft. Es kostet der Weg in die Peripherie Energie und diese Energie kann uns die Realität des Wasserglases nie und nimmer zurückgeben.

Die Kreisbahnen zu wechseln bedeutet das Abwerfen von unnötigem Ballast und nicht Verlust! Der Gewinn ist die persönliche Freiheit, ist der Zugang zu einem neuen, realen Verständnis für die Wunder dieser Welt und der Zugang zu einer persönlichen Mitte die uns Selbstvertrauen und Kraft, Mut und Ausdauer und vor allem eine klare Sicht der Dinge gewährt.

Jene die diesen Weg beschreiten und ihn mit allen Konsequenzen gehen sind die Vorreiter einer neuen Zeit. Sie sind die Pioniere die eine Zukunft vorbereiten in der das Gegeneinander von Schulmedizin und Alternativmedizin, der Kampf der Wissenschaft um Beweisbarkeit und Widerlegbarkeit von spirituellen Methoden und die Ablehnung solcher Methoden durch die Kirchen dieser Welt zu einem großen, geeinten Kreis werden wird. Aber noch sind es wenige die sich auf den Weg zur Mitte machen. Und viele, von falschen Gurus und Meistern geleitet, verlieren den letzten Rest Selbstvertrauen und Selbstverantwortung. Gerade in Zeiten boomender Esoterik und immer neuer Sekten gilt es wachsam zu sein. Denn nur ein Weg führt uns zur eigenen Mitte. Ein Weg mit Herz, auf dem alles möglich ist und nichts vorgegeben sein kann.

...Jede Reise beginnt mit einem ersten, mutigen Schritt...

Erläuterungen

1. Zur Technik der schamanischen Integration

Ich verwende diese von mir entwickelte Technik im Rahmen schamanischer Beratungen und Behandlungen. Diese Art der Vergangenheitsbewältigung hat sich bewährt um in kurzer Zeit grundlegende Veränderungen im positiven Sinne herbeizuführen.

In einigen Punkten mag es Ähnlichkeiten mit der Technik des Rekapitulierens wie es bei Castaneda erläutert wird geben, aber meine Methode hat, außer vielleicht bezüglich der Wirkung, nichts mit Castanedas Technik gemein. Manche Elemente in der schamanischen Arbeit finden sich auch innerhalb anderer Techniken. Dies ist auch Indiz für ihre Wirksamkeit. Im Falle der schamanischen Integrationsarbeit ist zentrales Thema das Zurückgewinnen von Energie welche in der Vergangenheit fest hängt und, zeitgleich, das Erkennen des damals traumatischen Erlebnisses. Dieses Erkennen ist wichtig um Zusammenhänge zu verstehen. Aber wenn auch einige unserer Erlebnisse unverständlich bleiben mögen, so gewinnen wir zumindest wieder unsere Energie zurück.

Im Rahmen meiner Behandlungen und Beratungen konnte ich diese Technik entsprechend prüfen und die Ergebnisse sprechen für sich. Abgesehen davon, ist mir diese Technik ja von den Verbündeten in der Nichtalltäglichen Wirklichkeit vermittelt worden. Somit ist es klar dass die Technik funktionieren muss!

2. Zum System der Kreisbahnen

Ebenso wie die Integrationstechnik entstammt die Technik der Standortbestimmung Hinweisen aus der Nichtalltäglichen Wirklichkeit. Ich habe mir nie die Mühe gemacht nachzuforschen ob auch andere diese Technik oder eine Abart davon kennen, denn ich bin überzeugt von der Effizienz und somit erübrigt sich für mich die Frage der Bestätigung von außen.

Obwohl dieses System vordergründig nur mit unserer Ratio arbeitet, so ist es doch eine bildliche Darstellung unseres Istzustandes und Standpunktes in unserem Leben. Eben eine Art Bildsprache die bei genauer Betrachtung in Wechselwirkung mit unserem Unterbewusstsein und unserer Seele steht.

Trotz der Vorgaben wie das System zu gebrauchen ist, bietet es jedem die Möglichkeit diese Technik der Standortbestimmung individuell anzupassen und stellt ein wichtiges Werkzeug in der Arbeit mit meinen Klienten dar.

3. Zur „Reconnection"

Dieses Ritual führe ich mit jenen Klienten durch, die erstens den Wunsch verspüren sich wieder mit der Natur zu verbünden und mit all jenen, mit denen ich ein Stück des Weges gemeinsam gegangen bin. Diese Menschen haben von mir über einen mehr oder weniger langen Zeitraum Behandlungen erfahren und ich habe sie dem Weg mit Herz näher gebracht. Dieses Ritual markiert einen neuen Startpunkt und vor allem den Moment, von dem ab die Klienten alleine weitermachen können. Nunmehr liegt es an jedem selbst Initiative zu entwickeln und den eingeschlagenen Weg weiter zu verfolgen.

Dieses Ritual habe ich eben Reconnection, also „Wiederverwendung" genannt. Mit Absicht habe ich einen Namen gewählt der den meisten nichts sagt, denn so gehen sie unvoreingenommen an die Sache heran. Das Ritual selbst besteht aus einzelnen Parts die ich aber hier nicht näher erläutern werde. Aber dieser rituelle Rahmen hat sich bewährt und lässt sich wiederum an die Persönlichkeit des einzelnen anpassen ohne an Tiefe oder Wirkung zu verlieren.

Das Ritual findet natürlich im Freien statt, und zwar an einem Platz den nur wenige kennen und der sich durch seine besondere Energie auszeichnet. Der Ort ist belebt von den verschiedensten Hilfsgeistern, welche helfen diese Wiedervereinigung mit der Natur herbeizuführen.

Über den Autor

Georg O. Gschwandler, traditioneller Heiler in der Tradition der *Shuar* und *Mayo-Yoreme* Indianer, Autor und Seminarleiter wurde, konsequent einer Vision folgend, von einem Schamanen der Shuar Indianer in den Regenwäldern Ecuadors als Heilerschamane initiiert. („Auf den Spuren des Geisterjaguars", Veth-verlag 2006) Als einer von nur zwei Weißen erhielt der Autor von den *Mayo-Yoreme* Indianern seine Einweihung als *Curandero/Jiteveri* in die traditionelle Mexikanische Heilkunst des *Curanderismo.* Immer wieder reist er zu seinen Lehrern und Freunden in Latein- und Südamerika um sich auszutauschen, tiefer in die Heilgeheimnisse der traditionellen Schamanen und Heiler einzudringen und dieses Wissen auch in Europa anzuwenden.

Er ist nicht nur Heiler sondern auch Brückenbauer zwischen den (Heil-) Kulturen, Bewahrer eines ihm anvertrauten Jahrtausende alten Wissens, welches er als Heiler und Seminarleiter an interessierte und nach Hilfe suchende Menschen im Rahmen seiner Consultas und Seminare weiter gibt. Ebenso ist er ein unermüdlich Reisender auf der Suche nach unverfälschtem Wissen und traditionellen Zugängen zu spiritueller Bewusstwerdung und Heilung. Selbst schwer erkrankt begann sein Weg vor gut zwanzig Jahren, ein Weg der ihn in zu seinen Lehrern und Freunden in die Regenwälder Ecuadors, die Wüsten und heiligen Orte Mexikos, in die Bergwelt seiner Heimat Österreich, letztlich auch zur eigenen Heilung und dem Erreichen seiner Bestimmung als Heiler geführt hat.

Literatur, Bezugsquellen, Seminare und..

Literatur zum Thema Schamanimus und Nagualismus:

Castaneda, C. *Die Lehren des Don Juan*
DeKorne, Jim *Psychedelischer Neo-Schamanismus*
Hoppàl, Mihàly *Schamanen und Schamanismus*
Hultkranz, Ake *Schamanische Heilkunst*
Liggenstorfer, R. *Maria Sabina, Botin der heiligen Pilze*
Sánchez, Victor *Die Lehren des Don Carlos*
Wittmann, Ulla *Leben wie ein Krieger*

Literatur zum Thema Schamanismus in Ecuador und Amazonien

Descola, Philippe *Leben und Sterben in Amazonien*
Gschwandler, G. O. *Auf den Spuren des Geisterjaguars - Schamanische Erfahrungen bei den Shuar-Indianern im Regenwald Ecuadors*

Heilsteine

Helga Pöttinger
Harmonie und Heilkraft durch edle Steine, Pinguin Verlag

Heilsteine, Mineralien, Heilsteinschmuck:

G+H PÖTTINGER
Winterstellergasse 4
A-6130 SCHWAZ
Tel/Fax: 0043 (0) 5242 62263
ÖSTERREICH

Trommelgruppen und Schamanischer Austausch

Kontakt, Info und Organisation
nagual@email.de
oder telefonisch (0049) (0)172-49 28 542
www.curandero.info

Kontakt zu Herrn Gschwandler: über den Verlag

G.O. Gschwandler im Internet

www.schamanismus.cc

www.curanderismo.at

Spezielle CDs zu diesem Arbeitsbuch

CD 1: Neo-schamanisches Reisen mit Rassel und Trommel
CD 2: Organspezifische Reisen im Neo-Schamanismus
Können Sie über den Verlag bestellen.

Erschienen im Verlag

Auf den Spuren des Geisterjaguars
Schamanische Erfahrungen im Regenwald von Ecuador
Von Georg O Gschwandler
ISBN 3-8334-5211-0

Veröffentlichung Frühjahr 2007
Curanderismo
Kriegerdenken und Engeriearbeit
Von Georg O Gschwandler

„la isla" - Die Insel
Intensive schamanische Selbsterfahrung in Kroatien
mit Georg O. Gschwandler
Dauer: 1 Woche (incl. An- und Abreise)
Termine auf Anfrage - begrenzte Teilnehmerzahl!

1 Woche intensives schamanisches Arbeiten in Kroatien. Abgeschottet von der Außenwelt und reduziert auf das Wesentliche werden wir in traumhafter Umgebung in fünf „Kerntagen" und Nächten unmittelbare Kreis- und Wegarbeit leisten. Wir werden mit schamanischen Methoden und den Methoden des Curanderismo zur Ruhe kommen, die Kraft in uns wecken, die Klarheit finden, Beständigkeit entwickeln und die Liebe vermehren.

„la isla" ist ein Projekt für all Jene die sich selbstverantwortlich und intensiv der schamanischen Arbeit hingeben wollen, um echte und unmittelbare positive Veränderungen zu erreichen und zur Mitte zu kommen.

la isla © gschwandler 2006

Informationen bezüglich Veranstaltungen, Seminaren und *la isla*, erhalten Sie direkt beim Verlag.

www.Veth-Verlag.de